Ein WAS IST WAS Buch

Muscheln und Schnecken

In Botticellis Gemälde „Geburt der Venus" wird die Göttin von einer Muschelschale an Land getragen

von Walter Hähnel

Jllustriert von Anne-Lies Ihme
Fotos von Walter Hähnel

Redaktion und Layout:
Käte Hart und Manfred Konrad

DJW
DEUTSCHES JUGENDSCHRIFTENWERK

NEUER TESSLOFF VERLAG · HAMBURG

Vorwort

Von allen Schalentieren sind Muscheln und Schnecken die schönsten. Es gibt etwa 50 000 Arten, bezaubernd in der Vielfalt ihrer Strukturen, ihrer Formen und Farben.

Muscheln und Schnecken wurden schon immer von Menschen gesammelt. Ihr Fleisch war begehrte Nahrung, ihre harten Schalen und Gehäuse ließen sich vielseitig verwenden, ihr wunderbares Aussehen entzückte den erwachenden Schönheitssinn des Urmenschen. Er schmückte sich mit ihnen. Seine Phantasie verwob die geheimnisvollen Geschenke des Meeres mit religiösen Vorstellungen; so wurden Muscheln und Schnecken kultische Symbole. Und weil sie wertvoll waren, wurden sie zum Tauschmittel, zu Geld.

Gegessen werden Muscheln und Schnecken auch heute noch. Der Sammler aber sucht sie um ihrer Schönheit willen. Wer möchte nicht auch wissen, wenn er die leeren Schalen am Strand findet: Wie sieht das Tier aus, das darin gelebt hat? Wie ist es zu solchem Gehäuse gekommen? Wie hat es sich ernährt und vermehrt? Solche wissenschaftliche Neugier befriedigt dies WAS IST WAS-Buch. Es macht den Leser bekannt mit den heimischen Muscheln und Schnecken und mit den interessantesten Arten der tropischen Meere. Dem Sammler gibt es viele nützliche Hinweise, und es zeigt auch, wie man aus den gesammelten Schalen hübschen Zimmerschmuck machen kann. Vor allem aber möchte dies Buch dazu beitragen, jungen Lesern die Augen zu öffnen für die Meisterwerke der Natur, die sich an Schönheit mit allem messen können, was von Menschenhand geschaffen wurde.

Inhalt

Schönheit aus dem Meer

Seit Jahrmillionen wirft der Ozean die Schalen abgestorbener Muscheln und Schnecken an den Strand. Seit es Menschen gibt, die an die Küsten kamen, haben sie das Strandgut der Meere gefunden und alles verwertet, was ihnen brauchbar erschien. Am schimmernden Perlmutt der Muscheln, an den blanken, farbig gemusterten Schneckengehäusen erfreuten sich schon die Menschen der Altsteinzeit, und sie schmückten sich damit. Den Beweis dafür fand man unter anderem in den Grimaldi-Grotten in Italien, nahe der französischen Grenze: Den Menschen, die dort vor mehreren zehntausend Jahren begraben wurden, legte man Kopfschmuck und Kleiderbesatz, Hals- und Armbänder aus Muschelschalen und Schneckenhäusern mit ins Grab. Muscheln wurden von fast allen Völkern der Erde gegessen, und Muschelschmuck war bei allen beliebt. Muscheln und Schnecken hatten auch kultische Bedeutung; sie galten bis ins frühe Mittelalter als Zeichen der Fruchtbarkeit. In germanischen Gräbern aus dem 6. Jahrhundert sind den bestatteten Frauen große Porzellanschnecken in den Schoß gelegt worden. Jahrtausendelang wurden Muschelschalen als Löffel, als Teller und Werkzeuge benutzt, vor allem in südlichen Ländern.

Muschelgeschmückte Maske aus Afrika

Nachdem sich bei den Völkern der Tauschhandel entwickelt hatte, kam man schließlich auf die praktische Idee, den Gegenwert einer gewünschten Ware mit Geld zu bezahlen.

Was ist Muschelgeld?

Nun bestand „Geld" in uralten Zeiten noch nicht aus geprägten Münzen oder Banknoten. Geld konnte alles sein, was man für wertvoll hielt, was selten und darum kostbar war und gut aufbewahrt werden konnte — edle Steine, Metall oder Muscheln. Man mußte sich nur darüber einig werden, daß es „gelten" sollte, daß man damit alle anderen Dinge eintauschen könnte.

Muschelschalen und Schneckengehäuse wurden vor allem in Südasien und Indonesien die bevorzugte Währung. Viele Volksstämme einigten sich darauf, wie viele Muscheln oder Schnecken ganz bestimmter Arten als Gegenwert für andere Dinge gelten sollten. Manche Naturvölker kannten bis zum vorigen Jahrhundert außer Gold und Schmucksteinen nur Muschelgeld. Meistens zog man sie auf Schnüre, die dann je nach ihrer Länge einen bestimmten Wert hatten.

Das Muschelgeld, das am weitesten verbreitet war, bildeten die glänzenden kleinen Kaurischnecken. (Meistens werden sie Kaurimuscheln genannt, aber es sind Schnecken, eine Gattung der Familie Porzellanschnecken.) Sie dienten einst auch in Indien, China und Japan als Geld. Die Kaurischnecke wurde sogar ein chinesisches Schriftzeichen, das Handel oder Geldverkehr bedeutet.

Auf dem Handelswege kamen Kaurischnecken als Geld in die meisten Länder. Sogar in Nordeuropa hatten sie noch zu Anfang des vorigen Jahrhunderts Geldwert. In Hinterindien und Indonesien waren sie noch um die Mitte des 19. Jahrhunderts das gebräuchlichste Zahlungsmittel. Eine deutsche Reederei machte sich das zunutze: An der ostafrikanischen Küste gab es Kaurischnecken in großen Mengen, und darum waren sie dort so gut wie wertlos. Dort belud die Reederei Schiffe mit Kaurischnecken und fuhr sie nach Indonesien. Mit dem Muschelgeld wurden große Mengen an Landesprodukten eingekauft. Die deutsche Firma verursachte in Indonesien eine Inflation, eine Geldentwertung — und wurde selbst dabei reich.

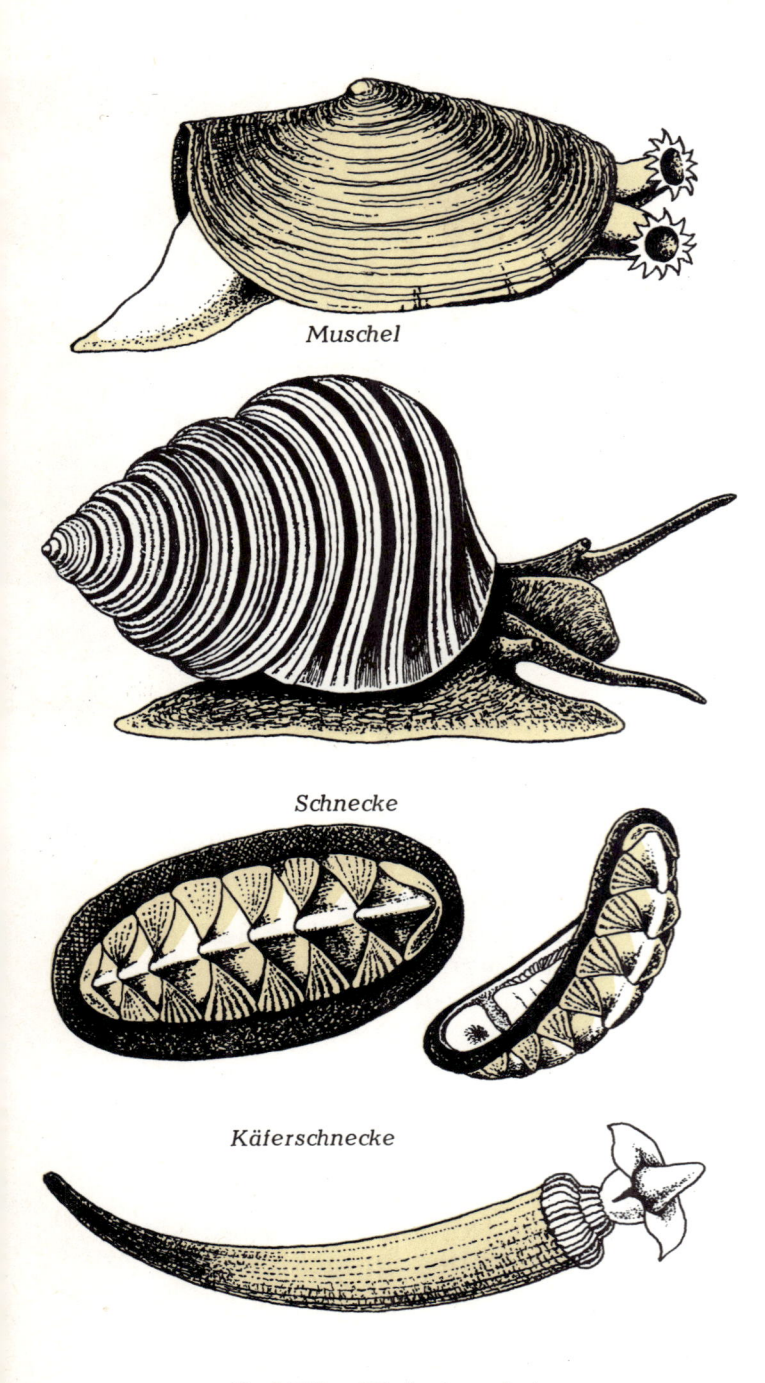

Muschel

Schnecke

Käferschnecke

Grabfüßer (Elefantenzahn)

chen noch Knorpel. Die harte Hülle, die ihn umgibt, ist gleichsam der Ersatz für ein Knochengerüst. Und sie schützt das Weichtier vor vielen Feinden.

Es gibt mehr als fünfzigtausend Arten von Weichtieren;

Gibt es noch andere Weichtiere?

die weitaus meisten leben im Wasser. Die Zoologen haben sie in Klassen eingeteilt. Außer den Muscheln und Schnecken sind die Kopffüßer (Cephalopoden), die Grabfüßer (Scaphopoden) und die Käferschnecken (Chitoniden) am bekanntesten. Die übrigen Klassen der Weichtiere sind für Zoologen auch interessant, aber am Strand werden wir sie kaum finden.

Alle Weichtiere haben einen skelettlosen, ungegliederten Körper. Die meisten haben noch eine Besonderheit, die sie von allen anderen Tieren unterscheidet: einen Hautmantel, der Kalk absondert und damit Schalen bildet. Schalenweichtiere lebten schon vor einer halben Milliarde Jahren im Ozean. Viele Arten sind längst ausgestorben, so die Ammonshörner, von denen man zahllose Versteinerungen findet. Sie gehörten zu den Kopffüßern. Die letzten Ammonshörner lebten vor 60 Millionen Jahren.

Von den Kopffüßern sind die sogenannten „Tintenfische" die bekanntesten. Sie sind aber keine Fische und heißen richtig: Tintenschnecken. Die größten unter ihnen sind die Kalmare, auch Kraken genannt, von denen viele Schauergeschichten erzählt wurden. Sie leben in der Tiefsee und sind selten zu erblicken. Der größte der Riesenkalmare, der bisher erbeutet wurde, hatte einen acht Meter langen Körper und Fangarme von vierzehn Meter Länge; insgesamt war er also 22 m lang.

Von all den verschiedenen Weichtieren gäbe es viel Interessantes zu berichten. Aber wir wollen uns nun dem Thema unseres Buches zuwenden: den Muscheln und Schnecken.

Muscheln und Schnecken gehören zum Tierstamm der Mollusken. Das

Wozu brauchen Muscheln und Schnecken ihre Schale?

Wort Mollusken kommt vom lateinischen *mollis,* das heißt weich. Und weich sind sie wirklich, die Muschel- und Schneckentiere im Innern der harten Schale. Ihr Körper hat weder Kno-

6

Der Krake oder Kalmar gehört zu den größten Kopffüßern.

Versteinertes Ammonshorn (Ammonit)

„Donnerkeil"
(versteinerter Belemnit)

Sepiaschulp, das innere Gerüst
eines Sepia-Tintenfisches.

Muscheln

Am Meeresstrand und an sandigen Flußufern sieht man fast immer große und kleine Leute, die Muscheln sammeln. Sie sammeln natürlich auch hübsche Schneckengehäuse. Viele Sammler nennen auch die Schneckenhäuser „Muscheln", weil sie

Wie unterscheidet man Muscheln und Schnecken?

die beiden großen Klassen der Schalenweichtiere nicht unterscheiden. Dabei ist es ganz leicht: Alle Muscheln haben zwei mehr oder weniger flache Schalen — der Zoologe nennt sie darum Bivalven, das heißt Zweischaler. Schnecken aber (mit Ausnahme der Nacktschnecken) leben in einem einteiligen, gewundenen Gehäuse. Wie sie sich sonst noch unterscheiden, wird in diesem Buch ausführlich geschildert.

Da liegt im Sand eine einzelne Schale.

Wie sehen Muscheln aus?

Außen ist sie grünlich-schwarz, innen sieht sie hell und schillernd aus. Es ist die eine Schale oder Klappe einer toten Muschel. Findet man eine Muschel, die noch lebt, so hat sie die beiden Klappen gewiß fest geschlossen. Unsere Fingerkraft reicht nicht, sie zu öffnen. Beide Schalen haben die gleiche Form, nur spiegelbildlich verschieden. Welches ist die linke, welches die rechte Klappe? Die Seite, nach der hin der Wirbel der Schalen gekrümmt ist, ist die Vorderseite. Auf dieser Seite wird die Muschel ihren Fuß herausstrecken, wenn sie sich im Wasser sicher fühlt und kriechen will.

Wie sieht nun das weiche Tier im Innern der harten Schale aus? Das weiche Körperinnere ist von einem Hautmantel umhüllt, dessen Ränder zur Schalenöffnung zeigen.

Das Muscheltier hat eine Mundöffnung, einen Magen, Darm, Herz, Niere und Kiemen — aber diese Organe sind anders angeordnet als bei den meisten anderen Tieren. Die Mundöffnung liegt nahe am Fuß, der Magen liegt darüber, und der Darm verläuft meistens mitten durch das Herz.

Jede Muschel hat Schließmuskeln, mit denen sie die Schalen zusammenziehen kann; sind die Schließmuskeln nicht gespannt, öffnen sich die Klappen. Die Klappen sind am Wirbel mit einem elastischen kurzen Band, dem Schließband oder Ligament, verbunden, das wie ein Gummiband die Klap-

Drüse — Darm — Muskel — Herz — Mund — Magen — Kiemen — Fuß — Mantel — Eierstock — Atemöffnung

pen durch Hebelwirkung auseinander-
zieht.

Jede Muschel hat einen Fuß. Er ist keil-
förmig und muskulös und kann durch
Blutdruck anschwellen. Mit dem Fuß
kann sich die Muschel in den Boden
eingraben. Will sie kriechen, streckt sie
die Fußspitze lang aus, die sich an den
Boden haftet; dann zieht der Fuß den
Körper nach. Einige Muschelarten können mit ihrem Fuß auch springen.

Die Muscheln atmen wie die Fische

<table><tr><td>**Wie atmen Muscheln?**</td></tr></table>

durch Kiemen und
entnehmen dem
Wasser den benö-
tigten Sauerstoff.
Kiemen sind mit
zahlreichen Blut-

gefäßen versehen, durch deren feine
Häutchen der im Wasser gelöste Sauer-
stoff dringt und das sauerstoffarme
Wasser wieder ausgeschieden wird.
Ganz hinten am Körper hat das Weich-
tier zwei Öffnungen, durch die das
Atemwasser ein- und ausströmt. Bei
manchen Arten sind diese Ein- und
Ausströmöffnungen zu Röhren verlän-
gert, zu sogenannten Siphonen. An den
Rändern der Ein- und Ausströmöffnun-
gen sitzen häufig viele Tentakel.

Einen Kopf suchen wir bei der Muschel

<table><tr><td>**Können Muscheln sehen?**</td></tr></table>

vergebens — Mu-
schaln haben kei-
nen Kopf! Jedes
Tier braucht aber
Sinnesorgane, um
sich in der Außen-

welt zurechtzufinden. Bei der Muschel
sitzen sie an den Rändern des Mantels.
Wenn die Muschel ihre Klappen öffnet,
schiebt sie die beiden Mantelränder ein
wenig nach draußen. Oft erkennt man
daran zahlreiche Fühlarme (Tentakel).
Etliche Arten haben am Mantelrand
auch Augen. Aber auch augenlose Muscheln können mit lichtempfindlichen
Sinneszellen am Mantel Lichteindrücke
wahrnehmen und Bewegungen erkennen. Die Augen sind recht unterschiedlich, je nach der Art. Manche bestehen
nur aus wenigen gebündelten Licht-
sinneszellen, andere sind hochentwik-
kelt. Die Kammuscheln zum Beispiel
haben Augen mit zwei hintereinander
liegenden Netzhautschichten. Bei manchen Muscheln sind die Augen leuchtend farbig. So hat die Riesenmuschel
Tridacna leuchtend blaue Knopfaugen,
die so groß wie Erbsen sein können.
Eine große Muschel kann mehr als einhundert Augen haben.

Die Augen der Riesenmuschel

Wie ernähren sie sich?

Muscheln sind harmlose Tiere. Sie haben keine Zähne oder Fangarme, um ihre Nahrung zu erbeuten. Sie ernähren sich von den winzig kleinen Tieren und Pflanzen, die als Plankton im Wasser schweben oder — abgestorben — zu Boden sinken.

Auch die größte Riesenmuschel, deren Schalen 200 Kilogramm schwer werden, ernährt sich von nichts anderem. Unablässig saugen die Muscheln Wasser in sich hinein. Es gelangt zunächst in den Mantelraum. Dieser ist mit Millionen Wimperhärchen ausgekleidet, die sich ständig bewegen und das Wasser in den äußeren Mantelraum hineinstrudeln, wo die netzartigen Kiemen sitzen. Die Nahrungsstoffe bleiben an den Kiemen hängen und werden von dort durch einen Schleimfluß zur Mundöffnung geschwemmt. Im Magen werden sie dann verdaut. Die unverdaulichen Abfallstoffe werden von den Nieren und dem After in den oberen Mantelraum ausgeschieden, wo das abfließende Atemwasser sie durch die Ausströmöffnung hinausspült.

Nun leben doch viele Muscheln im Meeresboden vergraben. Wie erhalten sie das Atemwasser, das ihnen auch Nahrung bringt? Bei diesen Muscheln ist der Sipho so verlängert, daß er bis über die Sandoberfläche herausragt. So saugt die versteckte Muschel das Wasser an und stößt das verbrauchte Wasser durch die zweite Röhre wieder aus.

In der Tiefsee gibt es einige Muschelarten, die ihre Nahrung nicht aus dem Atemwasser filtern. Sie ergreifen kleine Beutestücke mit den Lappen ihres verhältnismäßig großen Mundes. Diese Fleischfresser unter den Muscheln werden jedoch nicht größer als zweieinhalb Zentimeter.

Wo leben die Muscheln?

Muscheln sind reine Wassertiere, sie können auf dem Land nicht leben. Wir finden sie im Süßwasser, in Seen und Teichen, in Bächen und Flüssen. In Nordeuropa gibt es nur wenige Arten Süßwassermuscheln, aber in südlicheren Gebieten findet man viele Arten. Die meisten Muscheln haben jedoch ihren Lebensraum im Meer. Muscheln sind Bodenbewohner. Sie kriechen im Sand oder Schlamm umher, und manche vergraben sich bis zu einem Meter tief im Boden. Es gibt Muscheln, die sich Löcher in Kalkfelsen bohren und darin leben. Sie kommen nie wieder aus ihrer Felswohnung heraus; der Eingang, den sie als Jungtiere anlegten, ist für die ausgewachsene Muschel zu eng geworden.

Manche Muschelarten wachsen mit einer Schalenklappe am Felsen fest und können sich ihr Leben lang nicht mehr fortbewegen. Andere Muscheln sondern aus einer Fußdrüse einen Seidenfaden ab, den sogenannten Byssus, mit dem sie sich an Felsen oder Pfählen festspinnen. An der Nord- und Ostseeküste kann man auf festem Grund oder an Pfählen oft ganze Muschelkolonien sehen, „Muschelpflaster" genannt, bei denen eine Muschel neben der anderen sitzt, an der Unterlage oder aneinander festgesponnen. Man hat versuchsweise Byssusfäden versponnen und festgestellt, daß sie fester sind als echte Seide.

Einige Muscheln können etwas schwimmen, indem sie ihre Schalen schnell auf- und zuklappen und sich durch den Rückstoß des Wassers fortbewegen.

Muschelpflaster aus Miesmuscheln

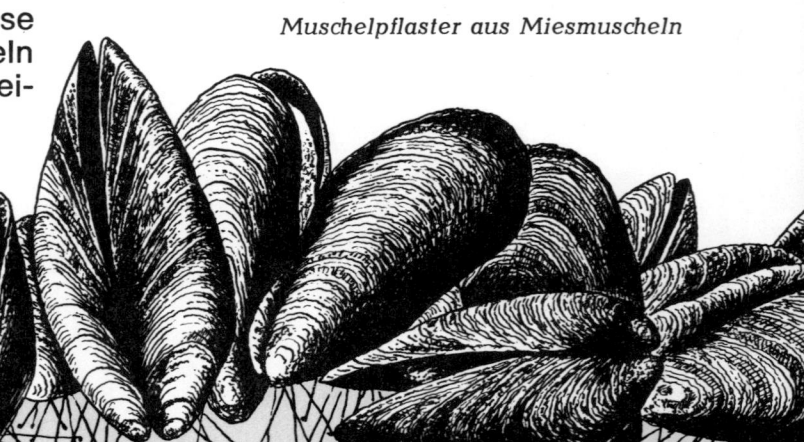

Wie vermehren sich Muscheln?

Wie alle Weichtiere, vermehren sich Muscheln durch Eier. Die männlichen Tiere geben ihren Samen einfach ins Wasser. Bei den meisten Arten macht es die weibliche Muschel mit ihren reifen Eiern ebenso, und die Befruchtung erfolgt dann im freien Wasser. Bei vielen Arten wird aber der männliche Samen vom Weibchen mit dem Atemwasser aufgenommen und befruchtet dann reife Eier in ihrem Körper. Die befruchteten Eier werden ins Wasser abgestoßen. „Brutpflege" betreiben nur einige Muschelarten. Das weibliche Tier behält dann die befruchteten Eier in ihrer Mantelhöhle, bis die Larven geschlüpft sind.

Die Larven, die aus den Eiern schlüpfen, schwimmen zuerst frei umher, bis sie sich nach einiger Zeit irgendwo festsetzen. An den Larven sieht man schon eine winzige Schale, die nach und nach, während die junge Muschel wächst, größer und stärker wird.

Die Larven mancher Süßwassermuscheln schmarotzen in den Kiemen von Fischen. Haben sie sich zu Muscheln entwickelt, streifen die Fische sie ab — vermutlich, weil die Muschel ihren „Wirt" nun verlassen will und ihn durch eine Ausscheidung reizt.

Manche Muscheln sind zwittrig, das heißt, sie haben in ihrem Innern sowohl weibliche wie männliche Geschlechtszellen, die aber zu verschiedenen Zeiten reifen.

Muscheln legen Millionen Eier auf einmal, manche mehrmals im Jahr. Würden die meisten Muschellarven nicht von Fischen und anderen Wassertieren gefressen, gäbe es keinen Zentimeter Meeresboden, der nicht von Muscheln bedeckt wäre.

Wie bilden die Muscheln ihre Schalen?

Die Schalen umschließen eine Muschel wie ein Panzer und schützen das Tier gegen seine Feinde. Aber wie kommt die Muschel zu ihrer Schale? Sie sucht sich kein leeres Gehäuse, um hineinzukriechen, sie bezieht kein fremdes Haus, das leer steht. Die Muschel bildet sich ihre Schalen selbst. Das macht sie mit ihrem Mantel, der dicken Haut, die das weiche Körperinnere umschließt. Der Mantel scheidet einen chemischen Stoff ab, Kalziumkarbonat, aus dem die Muschelschalen aufgebaut werden. Kalziumkarbonat ist Kalk; Muscheln — wie auch die Schnecken — haben also eine Kalkschale. Während das Muscheltier wächst, wächst auch die Schale mit.

Die Kalkschale besteht aus zwei Schichten. Die erste Kalkschicht wird von den Rändern des Mantels ausgeschieden, dort, wo die Schalen sich öffnen. Diese erste Schicht nennt man nach der Struktur der Kalkabscheidungen Prismenschicht. Von der ganzen Mantelfläche wird eine zweite Kalkschicht ausgeschieden und innen an die Prismenschicht angelagert: das ist die Perlmutterschicht.

Die Schalen der Muscheln sind unterschiedlich dick. Manche Arten haben sehr zarte, zerbrechliche Schalen. Andere bauen sich sehr dicke, schwere Klappen; das sind zumeist die Muscheln, die in stark bewegtem Wasser leben, vor allem in Küstennähe, wo sie von den Wellen hin- und hergeworfen werden. Zarte Schalen würden dabei zerbrechen.

Jede Muschel bildet ihre ganz bestimmte Schalenform, die für ihre Art kennzeichnend ist. Auch Muster und Färbung, die Zierde der Muschelschalen, werden vom Mantelrand bei der Schalenbildung mit abgeschieden. Es gibt Muscheln, deren Schalen Stacheln oder schuppenartige Auswüchse zeigen; sie sind ebenfalls während des Wachstums vom Mantelrand mit gebildet worden.

Wenn wir an Muscheln denken, stellen wir uns zwei gewölbte Schalen vor, die das Muscheltier umschließen. Das ist auch bei den meisten

Welche Formen haben die Muscheln?

Schloß   Muskel

Ligament

Muschelarten so. An der oberen Seite, dort wo die beiden Klappen zusammenhängen, befindet sich der Wirbel; er ist etwas nach vorn eingekrümmt. Dort passen die Zähne der einen Schale in die Höhlungen der anderen und bilden mit dem sehnigen Band (Ligament) ein Scharnier, das auch Schalenschloß genannt wird. Die Vertiefungen und Buckel — Zähne und Gruben — an den Schalenrändern verhindern, daß sich die beiden Klappen seitlich verschieben.

Nicht alle Muscheln haben zwei gleich aussehende Klappen. Es gibt Arten, denen man auf den ersten Blick gar nicht ansehen kann, daß es sich um Muscheln handelt. Es gibt Muscheln, die wie Würmer aussehen, zum Beispiel der Schiffsbohrwurm (Teredo). Andere Muscheln haben auf den Schalen lange Stacheln oder Schuppen, die wie Pflanzen aussehen können. Eine Muschelart, die zu den Austern gehört, hat die Form eines Hammers; sie heißt darum auch Hammerauster.

Muscheln sind sehr verschieden gefärbt. Es gibt weiße, gelbe, braune, rote, grüne, schwarze Muscheln. Innen sehen sie meistens hell und glänzend aus. Manche haben unscheinbare Färbungen, andere sind leuchtend bunt.

Man fragt sich wohl, ob diese seltsamen Formen und Farben sinnvollen Zwecken dienen. Vermutlich hat sich die Muschel damit bestimmten Lebensbereichen angepaßt.

Was ist Perlmutt?

Fast alle Muschelschalen haben an der Innenseite eine mehr oder weniger stark schillernde Schicht, Perlmutter oder Perlmutt genannt.

Manche Muschel- und auch Schnekkenschalen sehen innen ganz bunt aus. Die Färbung wird aber nicht von Farbstoffen verursacht. Die Perlmuttschicht besteht aus mikroskopisch feinen, aufeinanderliegenden Kalkplättchen oder „Lamellen", die von der Manteloberfläche des Tieres abgesondert wurden. Die an sich farblosen Kalklamellen zerlegen die Lichtstrahlen wie ein Prisma — dadurch entsteht die irisierende Färbung. Man nennt solche Farben „physikalische Farben".

Bei jeder Schale schillert die Perlmuttschicht anders. Die Unterschiede in der Anzahl und Stärke der Lamellenschichten verursachen die unterschiedlichen Färbungen.

Wie entstehen Perlen?

Muscheln leben im oder auf dem Meeresboden oder im Flußsand. Da kommt es zuweilen vor, daß ein Sandkorn oder ein anderer Fremdkörper in die Muschel hineingerät. Gelangt das Sandkorn in die Körperhöhlungen der Muschel, so kann sie es ohne weiteres wieder hinausbefördern. Gerät das Sandkorn aber zwischen Mantel und Schale, dann ist es der Muschel nicht möglich, sich davon zu befreien. Sie muß aber den Fremdkörper, der den Mantel reizt oder gar verletzt, unschädlich machen. An der gereizten Stelle sondert der Mantel darum Kalziumkarbonat ab und hüllt das Sandkorn damit ein. Schicht um Schicht lagert sich um den Fremdkörper, und allmählich entsteht eine kleine Kugel aus Perlmutt — eine Perle. Aber nicht immer entsteht eine Kugel; oft verwachsen die einhüllenden Schutzschichten mit der Schalenwand und bilden darauf nur einen Buckel.

Auster mit Perlen

Perlen können von allen Muschelarten gebildet werden. Aber es geschieht selten, und meist sind es unansehnliche Perlen, die als Schmuck nicht zu gebrauchen sind. Besonders schöne Perlen sind sehr selten und darum kostbar.

Perlen wachsen sehr langsam. Bevor eine erbsengroße Perle entstanden ist, vergehen mindestens zehn Jahre.

Am häufigsten findet man schöne Perlen in jenen Muschelarten, die davon auch ihren Namen bekommen haben: in den Perlmuscheln, die zur Gattung der Austern gehören. Heute liefert die Große Seeperlmuschel (Pinctada margaritifera), die im Pazifik lebt, die meisten Schmuckperlen. Unser heimischer Perlenlieferant, die Flußperlmuschel (Margaritana margaritifera), ist leider recht selten geworden. Noch im vorigen Jahrhundert lebte sie in fast allen europäischen Flüssen. Allein im Bayerischen Wald und in Oberfranken wurden jährlich 3—4000 Perlen gefunden. Raubbau, Kanalisation und Wasserverschmutzung ließen unsere Flußperlmuscheln beinahe aussterben.

Perlenzucht wurde seit Jahrtausenden von den Chinesen betrieben. In großem Umfang aber begann damit Ende des vorigen Jahrhunderts der Japaner Mikimoto. Zuchtperlen entstehen, indem man jungen Perlmuscheln einen Fremdkörper in den Mantel einpflanzt. Damit besonders schöne, durchscheinende Perlen entstehen, nimmt man ein Stückchen Perlmutt oder einen Öltropfen. Die Muschel umhüllt den künstlich hineingebrachten Fremdkörper genau so, als wäre er auf zufällige, natürliche Weise hineingelangt. Die Zuchtperlen sind darum äußerlich auch nicht von natürlichen Perlen zu unterscheiden — nur eine Röntgenaufnahme kann ihren „unnatürlichen" Kern verraten.

Die meisten Perlen, die heute verkauft werden, sind Zuchtperlen. Obwohl sie genau so schön sind wie natürliche Perlen, sind sie bedeutend billiger.

<table>
<tr><td>Gibt es
schädliche
Muscheln?</td></tr>
</table>

Wenn ein Überseedampfer von einer langen Fahrt in den Heimathafen zurückkehrt, muß er fast immer „überholt" werden, bevor er wieder auslaufen kann. Vor allem muß sein Rumpf gereinigt werden, weil er unter Wasser dick mit Krebsen und Muscheln besetzt ist. An dem stählernen Rumpf können die Muscheln aber keinen großen Schaden anrichten. Anders war es früher, als die großen Schiffe noch aus Holz gebaut wurden: der **Schiffsbohrer,** eine weit verbreitete Meermuschel, hat auf langen Reisen manches Schiff in Gefahr gebracht. Auch heute noch sind die Schiffsbohrmuscheln eine unangenehme Plage, weil sie sich in hölzerne Schleusen, Zugbrücken, Pontons und andere Hafenbauten hineinbohren, so daß das Holz morsch und brüchig wird.

Es gibt viele Arten von Bohrmuscheln, aber nur die Schiffsbohrer können sich von dem Holz ernähren, in das sie sich fressend hineinbohren. Und sie vermehren sich gewaltig: Das Weibchen bringt drei- bis viermal jährlich mehrere Millionen Eier hervor, die sie hinter ihren Kiemen ausbrütet. Kaum drei Monate alt, sind die Jungen schon geschlechtsreif.

Andere Arten von Holzbohrmuscheln, die in Treibholz und auch in Tiefseekabeln zu finden sind, filtern ihre Nahrung aus dem Wasser wie andere Muscheln.

Es gibt aber auch Felsenbohrer unter den Muscheln. Die Felsenbohrer schaffen sich feste Unterkünfte in Kalkgestein. Einige Arten, wie die **Stein-** oder **Meerdattel** und die Riffmuscheln der südlichen Meere benutzen chemische Mittel: Ihr vorderer Mantelrand scheidet eine kalklösende Säure aus, mit der sie sich ihre Wohnung aus dem Felsen oder Korallenriff ätzen.

Die meisten Bohrmuscheln aber benutzen ihre harte Schale zum Bohren. Das Schloß ihrer Klappen ist nicht gezähnt und hat kein Schloßband; die Schalen werden nur durch Muskeln zusammengehalten und können darum seitlich gegeneinander bewegt werden. Die Muscheln „raspeln" sich so in hartes Material hinein.

Bei den Schiffsbohrern reicht die Schale — ihr Bohrwerkzeug — nur über den vorderen Körperteil; der übrige Körper ist wurmähnlich, unbedeckt und etwa 20 Zentimeter lang.

Bei fast allen Bohrmuscheln sind die weit ausgezogenen Ein- und Ausströmöffnungen miteinander verwachsen.

Der Schiffsbohrer frißt Gänge ins Holz

Feinde der Muscheln

Nicht nur der Mensch stellt den Muscheln nach. Für viele Tiere sind sie begehrte Nahrung. Die harte Schale, die von den meisten Muscheln rasch und fest geschlossen werden kann, schützt sie zwar vor vielen hungrigen Mäulern, aber Möwen, Seesterne, Seeottern und viele Fische verstehen es, dies Hindernis geschickt zu überwinden.

Seesterne sind wohl ihre gefährlichsten Feinde. Der Seestern stülpt sich über eine Muschel und zerrt so lange an den Klappen, bis die Muschel ermüdet und ihre Schalen sich öffnen; dann frißt er das Weichtier. Unter den Fischen gibt es sogenannte Muschelknacker, das sind vor allem die Steinbeißer. Sie haben keine spitzen Zähne, sondern Kauplatten, mit denen sie die Muschelschalen zerbrechen können. Möwen und andere Seevögel greifen sich Muscheln, fliegen damit hoch in die Luft und lassen sie auf felsigen Grund fallen, so daß die Schalen zerspringen. Dann stoßen sie herab und verspeisen das Innere.

Der Seeotter schätzt das Muschelfleisch ganz besonders, und um an das Weichtier heranzukommen, vollbringt er eine hervorragende Intelligenzleistung: Er taucht auf den Grund und bringt zugleich mit der Muschel einen flachen Stein nach oben. Dann läßt er sich rücklings auf der Wasseroberfläche treiben, mit dem Stein auf dem Bauch, nimmt die Muschel zwischen beide Vorderfüße und schlägt sie solange auf den Stein, bis die Schale zerbricht.

Auch unter den Schnecken haben die Muscheln Feinde, denen sie wehrlos ausgeliefert sind. Große Raubschnecken wie Helmschnecke und Tritonshorn verschlingen Muscheln mitsamt der Schale. Unter den kleinen Schnecken gibt es die sogenannten Muschelbohrer. Zu ihnen gehören die Nabelschnecke und die Tonnenschnecken. Ob der „Muschelwächter", eine kleine, weichhäutige Krabbe, ein Freund der Muscheln oder nur ein Parasit ist, darüber gibt es verschiedene Meinungen. Manche größere Muschel beherbergt im Schutz ihrer Schalen solche Krabbe, die sich von dem eingestrudelten Plankton miternährt. Man nannte das Krebstierchen Muschelwächter, weil man glaubte, daß es die Muschel bei Gefahr mit den kleinen Scheren zwickt, woraufhin diese rasch ihre Klappen schließt.

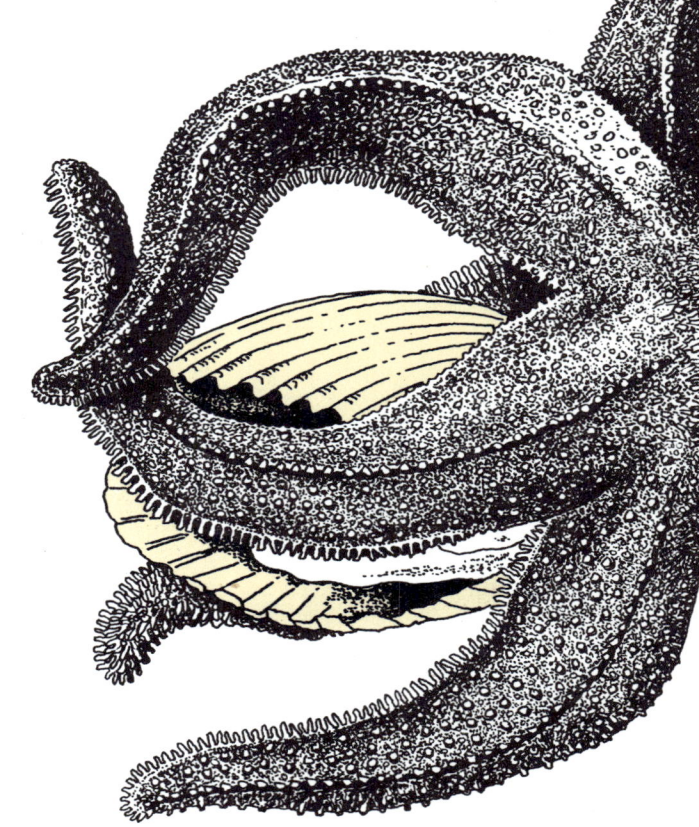

So öffnet der Seestern eine Muschel

Wie viele Muschelarten gibt es?

Es gibt Süßwasser- und Meeresmuscheln. Insgesamt kennt man fast 10 000 Arten. Das sind so viele, daß es ein ungeheuer dickes Buch füllen würde, wollte man jede einzelne beschreiben. Die meisten Muscheln leben im Meer, in den wärmeren Meeren mehr als in den kalten. Nur ein sehr kleiner Teil der Muschelfamilien ist im Süßwasser zu finden.

In den Flüssen und Seen Deutschlands

Die heimischen Süßwasser- muscheln

leben etwa 24 verschiedene Süßwassermuscheln. Die meisten Arten sind nur sehr klein, kleiner als einen Zentimeter; nur vier Arten sind größer.

Unsere größte und bekannteste Süßwassermuschel ist die **Teichmuschel** (Anodonta). Halb eingegraben, bewegt sie sich durch den Schlamm von Seen und Teichen und filtert die aufgewühlten Kleinstlebewesen aus dem Wasser. Manchmal zeigen meterlange Furchen, wo sie den Grund aufgepflügt hat. Die Teichmuschel kann zwanzig Zentimeter groß werden, doppelt so groß wie die **Flußmuschel**, die fließende Gewässer bevorzugt. Beide Muschelarten sind unscheinbar gefärbt; sie sehen dunkelbraun bis schwarz, manchmal auch etwas grünlich aus. Ihre Schalen sind glatt.

Von den selten gewordenen Flußperlmuscheln wurde schon berichtet. Eine weitere Muschelart, die in unseren Seen und Flüssen lebt, ist die **Wander-** oder **Zebramuschel**, auch Dreiecksmuschel genannt (Dreissensia). Es ist eine kleine, kaum vier Zentimeter große, dreieckförmige Muschel, die oft in großen Mengen vorkommt. Erst zu Anfang des vorigen Jahrhunderts tauchte sie in Deutschland auf. Ihre Heimat ist Südrußland, von dorther ist sie eingewandert. Natürlich ist sie nicht „zu Fuß" zu uns gekommen. Muschellarven setzen sich an vielen Gegenständen fest, zum Beispiel an den Füßen von Wasservögeln, vor allem aber an Schiffswänden. So geraten sie oft in weit entlegene Gewässer.

Linke Seite:
Austernernte an der französischen Küste

Rechts von oben nach unten:
Teichmuschel (Anodonta cellensis)
Zebramuschel (Dreissensia polymorpha)
Fluß- oder Malermuschel (Unio pictorum)

Muscheln am Nord- und Ostseestrand

1. SANDKLAFFMUSCHEL (Mya arenaria). Sie lebt in Sand oder Schlick vergraben und kann 12 cm groß werden. Die Klappen der glatten, weißen Schale stehen hinten einen Spalt offen, sie „klaffen", selbst wenn die Muschel sie geschlossen hält. Die Muschel ist eßbar; an der Nordsee- und Atlantikküste wird sie bei Ebbe aus dem freigelegten Meeresboden gegraben.

2. Die Schale der kleineren GESTUTZTEN KLAFFMUSCHEL (Mya truncata), die hinten wie gestutzt aussieht, bleibt noch etwas weiter geöffnet als die ihrer Verwandten. Man findet am Strand fast immer nur rechte Klappen. Die linken Klappen haben nämlich einen langen, löffelartigen Schloßzahn, mit dem sich die Muschel im Boden festhakt.

3. Die ESSBARE HERZMUSCHEL (Cardium edule) finden wir an unseren Meeresstränden am häufigsten. Die rundliche Muschel mit den schmalen Längsrippen ist ganz weiß oder hat bräunliche Streifen; sie kann bis 5 cm groß werden. Eine größere Art, die Stachelige Herzmuschel (Cardium echinatum) kommt recht selten vor.

4. MIESMUSCHEL (Mytilus edule). Sie leben meistens in großen Kolonien zusammen. Man findet sie an Pfählen, an Hafenmauern oder an Uferfelsen. Die Miesmuschel ist schwarz oder bläulich schillernd und wird etwa 10 cm lang. Sie ist die Muschel, die bei uns am häufigsten gegessen wird.

5. AUSTER (Ostrea edulis). Auch Austern werden in Muschelgärten gezüchtet, vor allem an der französischen Atlantikküste. Die beiden Klappen der Auster sehen nicht gleich aus; die eine ist kleiner und nach innen gewölbt. Sie sind schuppig und können verschieden gefärbt sein, von Schwarzbraun bis Weiß. Die Eßbare Auster wird 12 cm groß. Es gibt viele Arten, die ganz anders geformt sind. Eine Riesenauster wird 25 cm groß.

6. Die VENUSMUSCHEL (Venus gallina) ist 3 cm groß, weiß bis bräunlich, meist konzentrisch gestreift, und lebt auch in Wassertiefen über 100 Meter. Von Venusmuscheln gibt es etwa 500 Arten.

7. TEPPICHMUSCHEL (Venerupis oder Tapes senescens). Sie wird bis 6 cm groß und hat ihren Namen nach der Struktur ihrer Schalenoberfläche, die aussieht wie ein Gewebe mit Längs- und Quer-

streifen. Sie lebt eingegraben im Meeresboden, gelegentlich auch in Löchern und Spalten, die sie zufällig findet.

8. Die PFEFFERMUSCHEL (Scrobicularia plana) ist flach, dünnschalig und rund. Sie wird 5 cm groß und lebt im flachen Küstenwasser, auch auf dem Wattenschlick. Sie hat zwei langgestreckte Siphonen. Die Pfeffermuschel ist jedoch kein Filterer; mit dem Einströmsipho saugt sie die Oberfläche des Bodens ab und nimmt von dort die Nahrungsteilchen auf.

9. und 10. TROGMUSCHELN (Mactridae) kann man häufig an der Nordseeküste finden: Die bis 6 cm große Ovale Dreieckige Trogmuschel (9.) aus der Gattung Spisula und die Große Trogmuschel (Mactra stultorum), die „Strahlenkorb" genannt wird (10.), weil sich auf ihrer graugelben Schale helle Streifen vom Wirbel aus strahlenförmig zum Rand ziehen. Die Schalen des Strahlenkorbs werden 6 cm groß und sind innen zart violett gefärbt.

11. Den SÄGEZAHN (Donax vittatus) findet man von Nordeuropa bis Westafrika. Seine etwa 3 cm lange Schale ist schmal, glänzend braungelb und innen meist bläulich gefärbt. Nach dem fein gezähnten Rand hat die Muschel ihren Namen.

12. Die ISLANDMUSCHEL (Cyprina islandica) wird bis 12 cm groß und lebt in kalten Meeren; südlich des Kanals kommt sie nicht mehr vor. Helgoländer Fischer nennen sie „Pipmoschel" und essen sie auch. Die schwärzliche Außenhaut scheuert sich meistens ab, so daß viel von der weißen Schale darunter zum Vorschein kommt.

13. NUSSMUSCHEL (Nucula nitida). In der Nordsee leben vier Arten. Am zahlreichsten ist diese Glänzende Nußmuschel. Sie wühlt sich in den Meeresboden ein, aber nie sehr tief. An manchen Stellen kann man auf einer Fläche von 10mal 10 cm bis zu 90 Nußmuscheln ausgraben. Ihre Schale wird nur anderthalb Zentimeter groß, sie zeigt auf der Oberfläche schwache Ringe.

14. Die ROTE BOHNE (Macoma baltica) wird nur etwa 3 cm groß. Ihre dünnen Schalen sind meist schön gefärbt. Die roten oder rosafarbenen nennt man auch Schweinsöhrchen. Es gibt aber auch gelb und grün gefärbte.

15. Die MESSER-SCHEIDENMUSCHEL (Ensis siliqua) kommt von Norwegen bis zum Mittelmeer in sandigen Buchten vor und kann 20 cm lang werden. Es gibt 50 Arten von Scheidenmuscheln, einige haben eine gebogene Schotenform.

Im Indischen und im Stillen Ozean leben die Riesen- oder Zackenmu-

Woher hat die Mördermuschel ihren Namen?

scheln. Die größte von ihnen — und die größte Muschel überhaupt — ist die Mördermuschel (Tridacna gigas), von der viele abenteuerliche Geschichten erzählt werden. Ihre Schalen können bis anderthalb Meter groß und bis zu 30 Zentimeter dick werden. So ein Riesenexemplar wiegt dann 250 Kilogramm. Die Riesenmuschel steckt mit ihrem Vorderteil — der Seite mit dem Schloßrand — schräg im Meeresboden. Aus den leicht geöffneten Schalen schaut der mit farbigen Fransen versehene Saum ihres Mantels heraus, an dem die Reihen der blauen Knopfaugen sitzen. Ihre Schalen sind weißlich und stark gerippt. Die Riesenmuschel beherbergt in den Fransen ihres Mantelrands kleine, einzellige Algen, die sie mit ernährt und von denen sie mit zusätzlichem Sauerstoff versorgt

Mördermuschel

wird. Algen brauchen Sonnenlicht, und darum lebt auch die Mördermuschel im flachen Wasser.

Gerät nun einmal ein Perlen- oder Sporttaucher mit Bein oder Arm versehentlich in die geöffnete Mördermuschel hinein, deren Spalt leicht einen halben Meter weit klafft, so schließen sich blitzschnell die Klappen, und der Taucher ist gefangen. Die Muschel hält ihn so fest, daß er weder Arm noch Bein herausziehen kann.

Auf diese Weise ist gelegentlich schon ein Mensch umgekommen; das trug der größten Muschel der Welt den Namen „Mördermuschel" ein. Aber die Riesenmuschel ist keineswegs angriffslustig, und ein Menschenfresser ist sie schon gar nicht. Sie lebt von dem Plankton, das sie aus dem Atemwasser filtert, genau wie die kleinen Muscheln. Und sie schließt ihre Klappen nur, weil sie sich schützen will, genau wie jede andere Muschel.

Übrigens bildet die Mördermuschel auch Perlen. Vor etwa 50 Jahren wurde in einer Tridacna gigas die bisher größte Perle gefunden: Sie hat eine Größe von 23x15x14 Zentimeter und wiegt sieben Kilogramm.

In unseren Kaufhäusern kann man für wenig Geld handgroße weiße Muschelschalen kaufen. Man kann sie benutzen, um darauf kleine Vor-

Warum heißt eine Kammuschel Pilgermuschel?

speisen zu servieren. Es sind die rechten Klappen der Pilgermuschel, einer Art aus der weitverbreiteten Familie der Kammuscheln (Pectinidae). Kammuscheln haben ungleiche Klappen: die obere, linke, ist flach, die untere, rechte, ist gewölbt. Wie kam die Pilgermuschel zu ihrem Namen? Die Pilger und Kreuzfahrer des Mittelalters, die zu den heiligen Stätten der Christenheit zogen, wanderten durch die Küstenländer des Mittelmeeres; sie benutzten die gewölbten Schalen der Kammuscheln, die sie am Meeresstrand fanden, zum Wasserschöpfen

So schwimmen die Kammuscheln

oder auch als Bettelschale. Am Hutband getragen, wurde die Muschel bald zum Erkennungszeichen der Pilger und schließlich zum Symbol der Pilgerschaft überhaupt. Man nennt sie auch Jakobsmuschel, weil der Apostel Jakobus als Schutzheiliger der Pilger galt.

Von den zahlreichen Arten der Kammmuschel gehört die Pilgermuschel zu den größten. Kammuscheln graben sich nicht ein. Sie gehören zu den wenigen Muscheln, die schwimmen können. Durch schnelles Auf- und Zuklappen der Schalen stoßen sie das Wasser heraus, erzeugen einen Rückstoß und schwimmen so hüpfend über den Meeresgrund. Am Mantelrand haben die Kammuscheln zahlreiche Tentakel, zwischen denen hochentwickelte Augen sitzen, die tiefblau glänzen und daher recht auffallend sind. Die Schalen der großen Arten sind weiß oder blaßrosa; unter den kleineren sind einige Arten sehr bunt gefärbt.

Kammuscheln sind eßbar; in den USA werden jährlich etwa 10 Millionen Stück zu Konserven verarbeitet.

Sie wird nicht nur ihres Fleisches wegen gesucht. Die großen Schalen der **Steckmuschel** gehören zu den begehrtesten Trophäen der Sporttaucher an den Küsten des ganzen Mit-

> **Welches ist die größte Muschel Europas?**

telmeeres. Die Steckmuschel (Pinna nobilis) ist die größte Muschel der europäischen Gewässer — 90 cm lang können die keilförmigen Schalen werden. Mit der Spitze nach unten, steckt sie bis zu einem Drittel ihrer Länge im Boden, wo sich die Muschel mit den Byssusfäden verankert. Es ist gar nicht so leicht, sie aus dem Grund herauszuziehen; der Byssus ist so kräftig, daß man ihn in Süditalien zum Weben und Flechten verwendete.

Bei jüngeren Steckmuscheln ist die braune Außenseite der Schalen mit Dornen und schuppenartigen Auswüchsen übersät; im Laufe des Wachstums verschwinden sie. Die älteren Muscheln sind dann ganz mit kleinen Würmern, Schwämmen und anderen Meerestierchen überwachsen. Es lohnt sich für den Sammler, die Außenschale zu säubern, denn die rosa Perlmuttschicht an der Innenseite wird dann wunderschön durchscheinend, wenn man die Schale gegen Licht hält.

Steckmuschel

Sind Muscheln für uns nützlich?

Nur in wenigen Flüssen und Seen kann man bei uns noch baden; selbst die Ostsee ist heute gefährlich verschmutzt. Die Wasserverschmutzung wäre noch viel schlimmer, wenn es keine Muscheln gäbe. Sie sind die „Gesundheitspolizei" der Gewässer. Sie filtern das Wasser und reinigen es dadurch von vielen Abfallstoffen. Jede Muschel filtert in einer Stunde bis vierzig Liter Wasser, und das tut sie unaufhörlich, solange sie lebt. Bedenkt man, wie viele Millionen Muscheln den Boden der meisten Gewässer bedecken, kann man sich vorstellen, daß ohne sie das Wasser sehr trübe aussehen müßte. Nicht nur die lebenden, auch die toten Muscheln sind noch Gewinn für die Menschen. Die abgestorbenen Muscheln bilden mit ihren Kalkschalen oft Muschelbänke, die viele Meter dick sind. In der Nordsee wird dieser sogenannte Muschelschill mit Saugbaggern abgebaut und zu Dünger und Geflügelfutter verarbeitet. In der Bundesrepublik betrug diese Ernte im Jahre 1970 rund 36 000 Tonnen.

Und Muscheln haben für die Menschen noch anderen Nutzen: sie sind eßbar. Muscheln werden schon seit vielen Jahrtausenden von Menschen gegessen. In Dänemark und manchen anderen Küstengebieten fand man in ausgegrabenen Wohnstätten von Steinzeitmenschen Küchenabfälle, die zum größten Teil aus Schalen von Miesmuscheln und Austern bestanden. Und vor 2000 Jahren betrieb ein Römer namens Sergius Orata schon gewerbliche Austernzucht.

Miesmuscheln und Austern sind auch heute noch die meistgegessenen Muscheln. Die europäischen Austern sind in mehreren Arten von der norwegischen Küste bis zum Schwarzen Meer verbreitet. Früher gab es an felsigen Küsten zahlreiche „Austernbänke", wo die Austernfischer reiche Ernte hielten; heute sind die meisten Austernbänke durch Raubbau vernichtet. In der Nordsee findet man die Tafelaustern in weit zerstreuten Kolonien.

Weil die Austern ebenso wie die nahrhaften Miesmuscheln in flachem Wasser leben, werden beide Arten auch in sogenannten Muschelgärten im Meer gezüchtet. Miesmuscheln werden meist gekocht gegessen. Die Europäer verzehren jährlich mehr als 100 000 Tonnen Miesmuscheln; die Hälfte davon essen allein die Franzosen.

Aber nicht nur Austern und Miesmuscheln sind eßbar und nahrhaft. In südlichen Ländern werden fast alle Muschelarten gegessen.

Wie man das Alter eines Baumes an seinen Jahresringen ablesen kann, so kann man auch bei manchen Muscheln, die in flachem Wasser leben, Jahresringe auf den Schalen zählen. In den Sommermonaten wird das flache Wasser wärmer, und die Muscheln wachsen dann schneller als in den kalten Monaten. Schneller wachsen bedeutet auch: mehr Kalk absondern. Dadurch wird das im Laufe eines Sommers „nachgewachsene" Schalenstück stärker. Parallel zum Schalenrand entsteht eine geriefelte Oberflä-

Kann man der Muschel ansehen, wie alt sie ist?

che. Zählt man die Streifen, weiß man, wie viele Jahre die Muschel schon lebt. Bei älteren Muscheln wächst die Schale nur noch wenig, und die „Jahresringe" liegen sehr eng zusammen. Viele Muscheln haben jedoch eine gleichmäßig glatte Schale, vor allem die Muscheln der tropischen Meere, deren Temperatur wenig schwankt.

Die Lebensdauer ist bei den einzelnen Muschelarten verschieden. Die größeren Muscheln werden im allgemeinen älter als die kleinen. Die kleinen Muscheln leben in der Regel nur ein paar Jahre. Austern können 20 Jahre leben. Die Riesenmuschel Tridacna kann etwa 100 Jahre alt werden.

Tiere und Pflanzen haben meistens einen volkstümlichen Namen und außerdem einen lateinischen Doppelnamen. Latein ist die Sprache,

Was bedeutet der lateinische Doppelname?

mit der sich seit Jahrhunderten die Wissenschaftler der ganzen Erde verständigen. Nehmen wir als Beispiel die Herzmuschel, die fast jeder kennt. Ein französischer oder ein indischer Zoologe, der kein Deutsch spricht, wird nicht wissen, welche Muschel gemeint ist, wenn er „Herzmuschel" hört. Die lateinische Bezeichnung „Cardium" aber kennt er. Cardium heißt eine Gattung aus der Familie Herzmuschel. Nun gibt es von jeder Gattung der Herzmuscheln mehrere Arten. Eine Art der Gattung Cardium ist die Eßbare Herzmuschel. Mit dem lateinischen Doppelnamen „Cardium edule" ist für jeden Zoologen klar, um welche Art Muschel es sich handelt. Eingeführt wurde diese Namensgebung für Tiere und Pflanzen von dem schwedischen Naturforscher Carl von Linné (1707—1778).

Biologen ordnen alle Lebewesen nach folgendem Schema:

Reich
Stamm
Klasse
Ordnung
Familie
Gattung
Art

Tiere und Pflanzen bilden je ein Reich. Jedes Reich wird unterteilt in Stämme. Einen Stamm bilden zum Beispiel die Weichtiere (Mollusca). Stämme werden in Klassen aufgegliedert. Muscheln sind eine Klasse der Weichtiere. Klassen teilt man in Ordnungen ein; eine Ordnung der Muscheln sind die Blattkiemer. Jede Ordnung besteht aus mehreren Familien. Eine Muschelfamilie sind die Herzmuscheln. Familien werden in Gattungen gegliedert und die Gattungen in Arten. Eine weitere Unterteilung der Lebewesen kommt nur vor, wenn es von einer Art noch Unterarten oder Rassen gibt.

In der lateinischen Bezeichnung erscheinen immer nur Gattungs- und Artname. Das erste Wort ist immer der Gattungsname — vergleichbar mit unserem Zunamen; das zweite Wort ist der Artname, unserem Vornamen entsprechend.

Südseemuscheln

Die merkwürdige HAMMERAUSTER (Malleus malleus) ist eine echte Auster, obwohl sie mit ihrer Hammerform von allen anderen Austernarten sehr abweicht. Sie wird 30 cm lang. Im Indischen und Pazifischen Ozean ist sie häufig. Niemand weiß, warum sie solche merkwürdige Form entwickelt hat.

GROSSE FLÜGELAUSTER (Pteria penguin). Flügelaustern, auch Vogelmuscheln genannt, fallen durch ihre Form auf. Ihre Schalen sind außen meist schwarz oder braun, farbenprächtige Arten haben sie nicht. Dennoch sind sie berühmte Muscheln, weil sie zu den Perlmuscheln gehören.

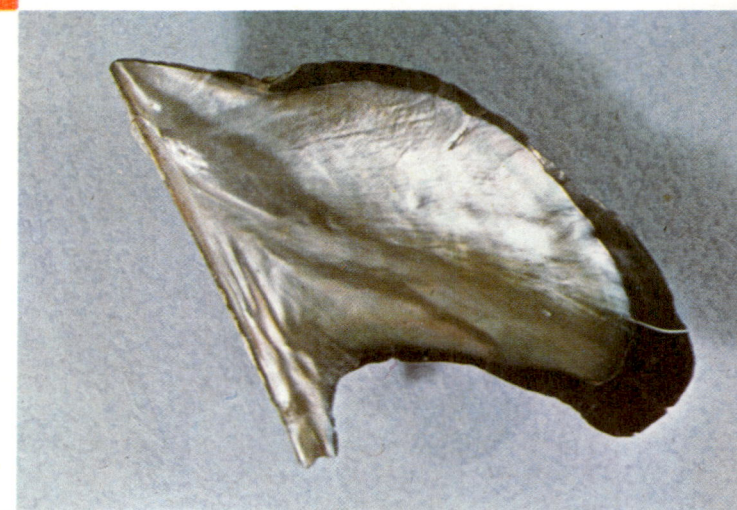

Das GROSSBLÄTTRIGE SCHMUCKKÄSTCHEN (Chama macrophylla) trägt auf ihrer Schale merkwürdige, pflanzenähnliche Auswüchse. Schmuckkästchenmuscheln gibt es in etwa zwanzig Arten; sie leben alle in tropischen Meeren.

AMERIKANISCHE STACHELAUSTER (Spondylus americanus). Die Stachelaustern gehören zu den Kammuscheln, wachsen aber wie richtige Austern mit einer Klappe am Untergrund fest. Es gibt verschiedene, bunt gefärbte Arten. Sie können recht groß werden. An der Pazifikküste ist eine Art zu finden, die 10 kg schwer wird.

Die SCHUPPIGE DREISPALTMUSCHEL (Tridacna squamosa) ist eine nahe Verwandte der Mördermuschel, wird aber nur 35 cm groß und unterscheidet sich von der weißlichen Tridacna gigas durch eine kräftige, gelbe oder hellrote Färbung und große, halbrunde Schuppen auf den Schalen.

PFERDEHUFMUSCHEL (Hippopus maculatus). Sie lebt im Pazifischen Ozean und ist eine Verwandte der Riesenmuschel Tridacna, wird jedoch nicht mehr als 20 cm lang.

Das HERZBLATT (Corculum cardissa) ist mit den in der Nordsee lebenden Herzmuscheln verwandt. Die Schalen dieser Art ähneln einem Blatt. Die beiden Klappen sind sehr hochgewölbt, aber schmal, wie von beiden Seiten zusammengepreßt, mit einem scharfen Kiel als Mittellinie jeder Klappe. Die Inselbewohner der Südsee essen Herzmuscheln gern und machen aus den Schalen kleiner Arten schmückende Ketten.

Die ROTE TELLMUSCHEL (Tellina consanguinea) ist auch an der Pazifikküste sehr selten zu finden. Ihre Schale ist dünn und zerbrechlich, wie bei allen Tellmuscheln, von denen man etwa 200 Arten kennt. Auch in der Nordsee gibt es Tellmuscheln.

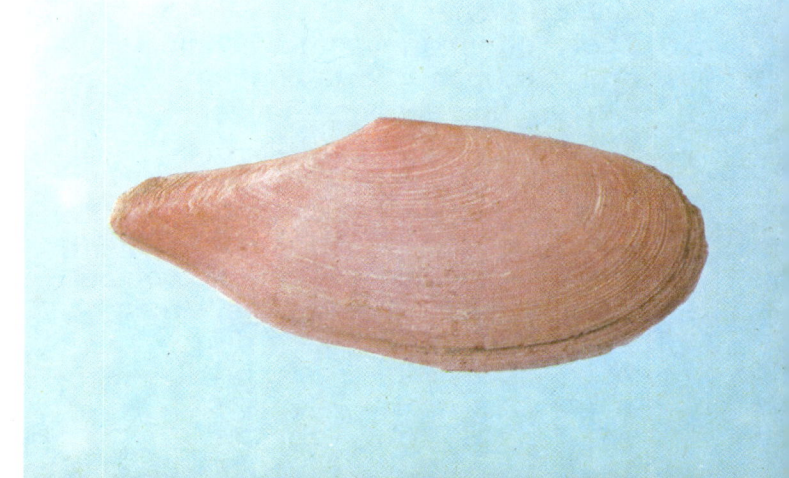

Schnecken

Die zweite große Klasse der Weichtiere bilden die Schnecken. Zoologen nennen sie Gastropoden, das heißt Bauchfüßer. Schnecken gibt es schon ebenso lange auf der Erde wie Muscheln. Schon vor 600 Millionen Jahren, im Kambrium, lebten die ersten Schnecken in den Meeren. Im Laufe der vielen Jahrmillionen haben sie manche Veränderungen durchgemacht. Viele Arten sind ausgestorben, neue Arten haben sich entwickelt. Trotzdem gibt es heute noch Schnecken, deren Urahnen schon vor 500 Millionen Jahren lebten und kaum anders aussahen als die heutigen.

Schnecken sind etwas komplizierter gebaut als Muscheln. Sie haben einen Kopf, und ihre Augen sind besser als die der Muscheln. Muscheln atmen durch Kiemen; auch die meisten Wasserschnecken haben Kiemen, aber fast alle Landschnecken haben Lungen und sind Luftatmer.

Zoologen unterteilen die Schnecken in drei Gruppen: Vorderkiemer, Hinterkiemer und Lungenschnecken. Bei den Vorderkiemern liegen die Kiemen vor dem Herzen, bei den Hinterkiemern hinter dem Herzen der Schnecke. Die Lungenschnecken haben keine Kiemen; ihre Mantelhöhle ist mit Blutgefäßen ausgekleidet, die als Lunge wirken.

Viele Schnecken tragen ein einteiliges Gehäuse, eine spiralig gewundene Schale. Es gibt aber auch Schnecken ohne Schale; man nennt

Tragen alle Schnecken ein Haus auf dem Rücken?

sie Nacktschnecken. Einige Schneckenarten, wie die Napfschnecke, das Meerohr und die Pantoffelschnecke, kann man auf den ersten Blick für Muscheln halten. Sie haben aber nur eine Schale — wie alle Schnecken, bis auf eine Ausnahme: die Muschelschnecke, die erst kürzlich im Pazifik nahe der Küste entdeckt wurde; sie ist eine echte Schnecke, besitzt aber ein Schalenpaar wie eine Muschel.

Fast alle Tiere sind zweiseitig symmetrisch gebaut. Bei

Wie sieht das Schneckentier aus?

den Schnecken ist das anders. Die eine innere Hälfte ihres Körpers ist verkümmert, und außerdem haben sich im Laufe der Entwicklung innere Organe verlagert. Bei den Hinterkiemern hat sich die Schale zurückgebildet, und viele Arten dieser Gruppe haben auch keine Kiemen mehr, sondern atmen durch die Haut.

Bei einer lebenden Muschel sieht man nur wenig von dem eigentlichen Tier, das von den zwei Klappen umschlossen ist. Anders bei den Schnecken. Sie kommen mit einem großen Teil ihres Körpers aus dem Gehäuse heraus.

Der Kopf fällt uns zuerst auf. Er ist nicht vom Körper abgesetzt, die Schnecken haben keinen Hals. Auf dem Kopf tragen sie ein oder zwei Paar Fühler. Die Fühler dienen zum Tasten und zum Riechen. Und an der Spitze der beiden längeren Fühler sitzen die Augen. Nur die Schneckenarten, die im Dunkel der Tiefsee leben, haben keine Augen.

Schnecken haben einen großen Kriechfuß. Indem sich seine Muskeln wellenförmig zusammenziehen und strecken, bewegt sich das Tier im berühmten Schneckentempo fort.

Im Mund haben die Schnecken eine

Reibzunge, Radula genannt, die mit kleinen Hornzähnchen besetzt ist. Ganz im Innern des Gehäuses befindet sich, spiralig aufgewunden, der Eingeweidesack.

Schnecken legen Eier. Je nach der Art sind die Eier mikroskopisch klein oder bis zu zwei Zentimeter groß. Einige Arten haben nur wenige Eier; andere legen mehr als zwei Millionen Eier, die aber so winzig sind, daß man ein einzelnes mit bloßem Auge gar nicht mehr erkennt. Viele Schnecken legen ihre Eier in Kapseln, als lange Schnüre oder in Ballen ab.

Wie bei den Muscheln, gibt es auch bei den Schnecken männliche und weibliche Tiere und Zwitter.

Eierlegende Weinbergschnecke

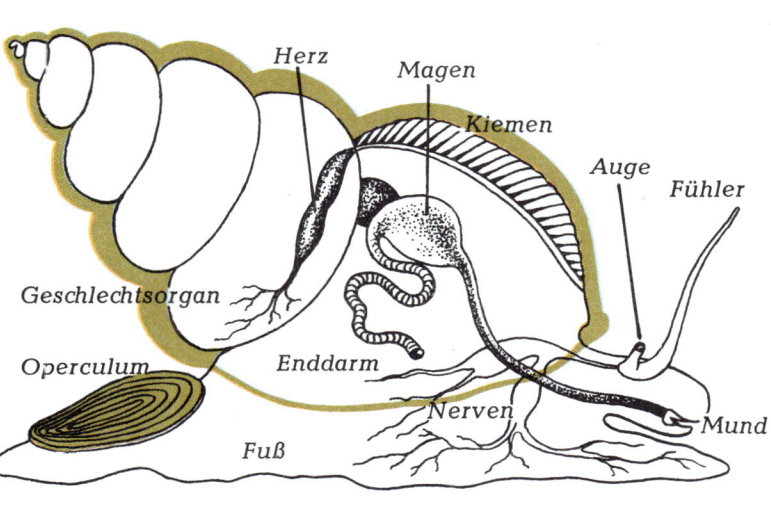

Die Anatomie der Schnecke

Die meisten Schneckenarten leben im Flachmeer, in den küstennahen Bereichen. Nur dort gibt es genug Licht, so daß Algen und andere Wasserpflanzen gedeihen können, von denen sich die Schnecken selbst oder ihre Beutetiere ernähren.

Wo leben Schnecken?

Manche Schnecken können nur in kaltem oder kühlem Wasser leben; andere bevorzugen wärmere Gewässer. Aber auch die Art des Bodens ist für sie

wichtig. Ob es ein Korallenriff, eine Felsküste, sandiger oder schlammiger Boden ist oder ein Mangrovesumpf — überall findet man genau die Schneckenarten, deren Lebensweise auf diesen Untergrund eingestellt ist. So können Muschelfresser nur dort leben, wo sie Muscheln im Boden finden, also auf Sandböden. Algenfresser sind auf felsige Küsten angewiesen.

In der Tiefsee herrscht Finsternis; kein Licht dringt hinunter. Darum gibt es dort auch keine Pflanzen, die ja Licht brauchen. Die Tiere, die dort leben, müssen Fleisch- oder Aasfresser sein. Nur wenige Schneckenarten sind in der Tiefsee zu finden: Außer den Nabelschnecken (Natica) gibt es dort die Schlitzbandschnecken und eine andere kleine Schnecke mit dem lateinischen Namen Rissoa.

Man kennt ungefähr 40 000 Arten von Schnecken. Die meisten davon sind Gehäuseschnecken, die durch Kiemen atmen und im Meer leben. 8 000 Schneckenarten aber leben auf dem Land. In der Mehrzahl sind es Lungenschnecken. Nicht nur die Nacktschnecken, auch die gehäusetragenden Landschnecken sind Luftatmer. Aber es gibt auch Lungenschnecken, die ihr Leben im Wasser verbringen. In Seen, Teichen und Flüssen findet man zahlreiche Lungenschnecken, die regelmäßig zum Luftholen an die Wasseroberfläche kommen.

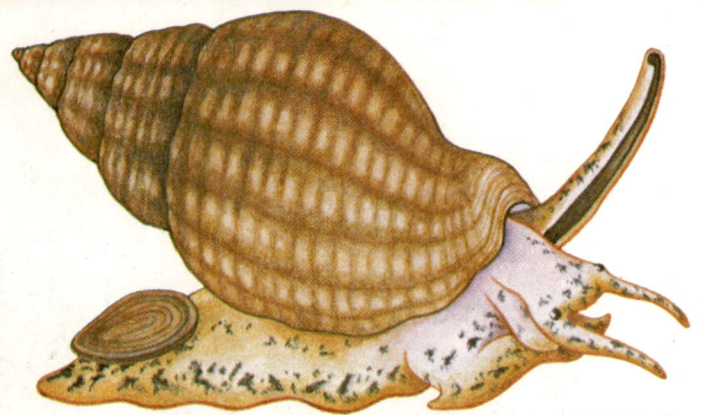

Mit dem Operculum, dem Deckel, verschließt die Schnecke ihr Haus.

Wer staunt nicht über die merkwürdigen Formen, die schönen Farben oder Zeichnungen der vielen verschiedenen Schnecken-

Wie baut eine Schnecke ihr Haus?

gehäuse! Wie kommen sie zustande? Die Schnecke baut ihr Haus selbst. Sie fängt klein an. Schon als winzig kleines Schneckentier beginnt sie mit dem Hausbau. Auf der Abbildung der inneren Organe der Schnecke (Seite 27) sehen wir einen Teil, den wir schon bei den Muscheln kennengelernt haben: den Mantel. Auch der Mantel der Schnecke scheidet Kalk aus, und mit diesem Kalk baut sie ihr Haus.

Schnecken derselben Art bauen alle ihre Gehäuse in gleicher Form und Farbe. Das Schneckenkind guckt sich den Hausbau aber nicht beim Muttertier ab. Das Muster ist in seinen Erbanlagen vorgeprägt.

Die Schnecke gestaltet ihr Haus in drei zeitlichen Abschnitten. Das winzige Gehäuse des eben aus dem Ei geschlüpften Tierchens wird als Embryonalteil bezeichnet. Es bildet später die Spitze des Schneckenhauses und besteht nur aus zwei bis drei kleinen Windungen, die meistens glatt und anders gefärbt sind als der übrige Teil. Während das Tier wächst, baut es nach und nach die Windungen weiter und immer größer, je nach dem Umfang, den es selbst bekommt. Ist die Schnecke erwachsen, wird das Gehäuse meistens erheblich umgestaltet: Der Mündungsrand wird verdickt, es bilden sich Auswüchse auf der Schale. Oft legt sich ein

Mantellappen nach außen um das Gehäuse und überzieht es teilweise oder ganz mit einer Kalkschicht. Daran kann man dann erkennen, daß es sich um eine ausgewachsene Schnecke handelt.

Jedes Menschenhaus hat eine Tür. Auch viele Schneckenarten bauen sich eine Tür. Aber diese Tür sitzt nicht fest am Gehäuse. Wenn sich eine Schnecke in ihr Haus zurückzieht, ist ihr Kriechfuß das letzte, was im Gehäuse verschwindet. Und der Letzte macht die Tür zu! Auf der Oberseite des hinteren Fußteils befindet sich ein Deckel, der das Haus dicht verschließt, denn er paßt genau in die Öffnung.

Landschnecken haben einen dünnen, hornigen Deckel. Einige Meeresschnecken, zum Beispiel die Turbanschnecken, haben sehr dicke, kalkige Deckel, die bis zehn Zentimeter groß werden. Manche Schnecken haben eine unscheinbare, andere eine bunt gefärbte Tür.

Aufgesägtes Gehäuse einer Schraubenschnecke

Wenn wir ein Schneckenhaus in die Hand nehmen und es so halten, daß wir die Öffnung vor uns haben und zur Spitze hinsehen, können wir

Wie verlaufen die Windungen der Gehäuse?

feststellen, daß die Windungen des Gehäuses rechts herum verlaufen. Die Öffnung liegt dann an der rechten Seite der Schale.

Die allermeisten Schnecken haben eine rechtsgewundene Schale; es gibt nur wenige Arten, die Linkswindungen zeigen. Schnecken der gleichen Art haben fast immer die gleiche Windung; sehr selten findet man bei einer rechtsgewundenen Art eine einzelne Schnecke, die linksgewunden ist.

Bootshaken

Fechterschnecke

Stachelschnecke

Noch vielfältiger und merkwürdiger als Muscheln bauen die Schnecken ihre Schale. Sie bauen flache Gehäuse, wie die Tellerschnecken

Welche Formen haben Schneckenhäuser?

(Planorbis), stumpf kegelförmige, wie die Weinbergschnecke, oder lang und spitz zulaufende, wie die Turmschnekken. Die abenteuerlichsten Gehäuseformen findet man bei den Meeresschnecken. Bei manchen Arten werden die Embryonalwindungen ganz von der letzten Windung eingeschlossen — Beispiel: die Porzellanschnecken (Cypraea). Andere Schnecken haben lange Stacheln oder fingerartige Fortsätze auf den Gehäusen. Napfschnekken bilden Häuser in Form spitzer Kappen oder flacher Näpfe. Die Meerohren, die auf der Innenseite wunderbar schillern, sehen fast wie Muscheln aus. Die sogenannte Wurmschnecke baut ein unregelmäßiges, röhrenförmiges Gehäuse, das wie zusammengelegtes Tauwerk aussieht.

Nicht nur die Formen, auch die Farben und Zeichnungen der Schneckenhäuser sind vielfältig und beeindruckend. Alle Farbtönungen sind zu finden. Bräunliche und gelbliche Farben sind zwar am häufigsten, aber es gibt auch viele weiße, rote, grüne, blaue und lila Schneckenhäuser. Und abweichend von der Grundfarbe haben die meisten ihr Haus mit Bändern, Streifen, Punkten, Spiralen und Zickzacklinien geschmückt. Landschnecken sind dagegen meist unscheinbar.

Königliche Walzenschnecke

Walzenschnecke

Kreiselschnecke

Wellhornschnecke

In der Nordsee leben etwa 25 Schnekkenarten. Nur sieben davon kommen auch in der Ostsee vor, denn wie die Muscheln, bevorzugen auch

Welche Schnecken kann man an unseren Küsten finden?

die Meeresschnecken das salzigere Wasser. An den Reichtum der Formen und Farben ihrer tropischen Verwandten reichen unsere heimischen Meeresschnecken nicht heran. Aber es gibt auch unter ihnen einige hübsche, interessante Arten.

Die größte Schnecke unter ihnen ist das **Neptunshorn** (Gattung Neptunea), das zwanzig Zentimeter groß werden kann. Leider ist das Neptunshorn bei uns sehr selten, denn sein eigentliches Lebensgebiet ist der Atlantik. Vor vielen Jahrtausenden benutzten Menschen, die an den europäischen Küsten lebten, das Neptunshorn als Tranlampe.

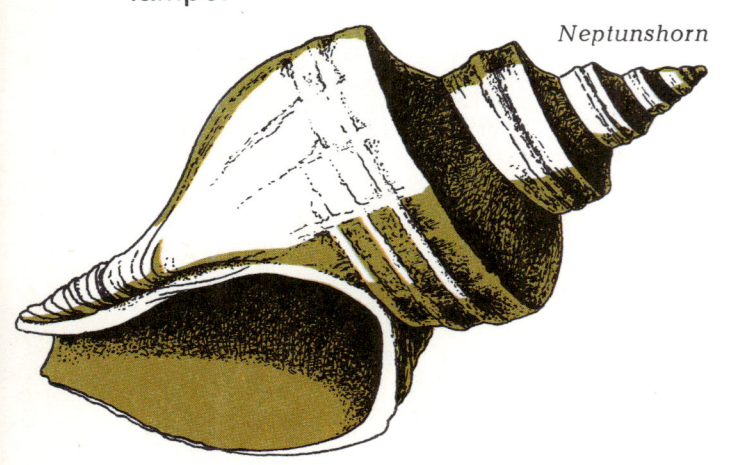
Neptunshorn

Etwas häufiger ist die nächstgroße Schnecke an der Nordseeküste zu finden: die **Wellhornschnecke** (Buccinum). Sie wird bis zwölf Zentimeter groß. Die Farbe des spitzkegeligen Gehäuses schwankt zwischen einem gelblichen Braun und Dunkelbraun. Die Wellhornschnecke ist ein Aasfresser, das heißt, sie ernährt sich von toten Tieren. Am Strand findet man zuweilen faustgroße Ballen, die aus rundlichen, hornigen, erbsengroßen Kapseln bestehen. Es sind die Eierballen der Wellhornschnecken, aus denen ihre Jungen ausgeschlüpft sind.

Die leeren Gehäuse der Wellhornschnecke werden oft von Einsiedlerkrebsen bewohnt. Es kann passieren, daß wir am Strand ein Schneckenhaus sehen, das sich plötzlich in Bewegung setzt. Dann ist es ein Einsiedlerkrebs, der mit seinem gemieteten Haus ins rettende Wasser zurückläuft.

Die meisten der anderen Nord- und Ostseeschnecken erreichen nur eine Größe von wenigen Zentimetern.

Oberhalb der Wasserlinie, auf trockenen Steinen, findet man häufig die zwei Zentimeter großen **Strandschnecken** (Littorina). Obgleich sie Wasserschnecken sind, können sie es tagelang im Trockenen aushalten. Die drei kleinen Arten der Strandschnecken sind kaum voneinander zu unterscheiden; nur eine Art ist größer — bis vier Zentimeter — und dunkler gefärbt. Wenn die Strandschnecken aus der Spritzwasserzone wieder aufs Trockene kommen, kehren sie fast immer an dieselbe Stelle zurück. Es wird vermutet, daß sie sich nach einem „Lichtkompaß" richten, das heißt, daß sie den Sonnenstand wahrnehmen.

An der Nordsee finden wir außerdem, von den Wellen an den Strand gespült, die Gehäuse anderer Arten: der Nabelschnecke, des Pelikanfußes, der Wendeltreppe und der Pantoffelschnecke.

Strandschnecken

Pantoffelschnecken (Crepidula fornicata) sind sehr seltsame Tiere. Bei flüchtigem Hinsehen kann man sie für Muscheln halten. An der Mündung hat die Pantoffelschnecke einen Zwischenboden, der die Öffnung halb verschließt — daher sieht sie wie ein kleiner Pantoffel aus. Wo sie sich einmal

Pantoffelschnecken

niedergelassen hat, bleibt sie auch zeitlebens sitzen. Das Merkwürdigste ist aber dies: Pantoffelschnecken können sowohl Weibchen als auch Männchen sein. Hat sich eine Pantoffelschnecke irgendwo festgesetzt, kommt in der Regel eine andere junge und setzt sich auf die erste. Dann wird diese zu einem Weibchen und entwickelt weibliche Eizellen; die Hinzugekommene wird zum Männchen. Kommt dann wieder eine Pantoffelschnecke und setzt sich auf die beiden, so wird die unter ihr Sitzende zum Weibchen. Das kann sich mehrfach wiederholen; man findet bis zu zehn Pantoffelschnecken übereinander.

Die größte Schnecke, die es auf der Erde gibt, ist in den australischen Küstengewässern zu finden. Es ist der **Ritterhelm** (Syrinx proboscidiferus), der zur Familie der Helmschnecken gehört. Das Schneckentier wird, den Sipho mitgerechnet, sechzig Zentimeter groß.

> **Welches ist die größte Meeresschnecke?**

Die kleinsten Schnecken, die es gibt, werden nur einen Millimeter groß. Die weitaus meisten Arten erreichen Größen zwischen drei und zehn Zentimetern.
Große Schnecken wie der Ritterhelm können zwanzig Jahre alt werden. Die Lebensdauer der kleineren Arten beträgt drei bis sechs Jahre.

Die Ureinwohner Australiens benutzen noch heute den Ritterhelm zum Wassertragen.

Eine Besonderheit unter den Schnek-ken ist die Fami-

Welche Schnecke bringt lebende Junge zur Welt?

lie der kleinen Sumpfdeckel-schnecken (Vivi-parus), die nur drei bis vier Zenti-meter groß werden. Sumpfdeckel-schnecken behalten ihre Eier so lange im unteren Geschlechtsgang zurück, bis die Jungen schlüpfen — sie bringen also fertige Jungschnecken zur Welt. Und sie haben noch eine Eigenschaft, die bei den Schnecken ungewöhnlich ist: Sie nehmen ihre Nahrung nicht nur mit der Raspelzunge auf, sondern kön-nen sie auch aus dem Atemwasser fil-tern.

Sie sind Süßwasserschnecken, können aber auch im Brackwasser der Ost- und Nordsee leben, also dort, wo sich an den Flußmündungen Süß- und Salz-wasser mischt. Eine Art, die **Echte Sumpfdeckelschnecke,** wohnt mit Vor-liebe in fließenden Gewässern; die **Gemeine Sumpfdeckelschnecke** ist vor allem in Sümpfen und Teichen zu fin-den. In Form und Größe sind die bei-den Arten sehr ähnlich; ihre Gehäuse sind abgerundete Kegel und haben eine schmutzig-graugrüne Färbung.

Außer den Sumpfdeckelschnecken gibt es noch einige Arten der kleinen Strandschnecken, die ihre Eier inner-halb ihres Körpers entwickeln und le-bende Junge zur Welt bringen.

Wendeltreppe, Nabelschnecken und Pelikanfuß (von links nach rechts) leben im tiefen Wasser der Nordsee.

Die meisten im Meer lebenden Schnek-ken ernähren sich von Algen und an-deren Pflanzen-teilchen. Mit ihrer Reibzunge scha-ben sie den Algen-

Wovon ernähren sich die Schnecken?

bewuchs von Steinen oder anderen festen Unterlagen. Landschnecken fressen Pflanzenteile, Blätter und Früchte.

Es gibt aber auch fleischfressende Schnecken. Die Nabelschnecke zum Beispiel kann mit ihrer Reibzunge und mit Hilfe säurehaltiger Ausscheidungen Muschelschalen durchbohren. Sie braucht etwa sechs Stunden, bis sie ein Loch von zwei bis drei Millimeter ge-macht hat, durch das sie die Muschel aussaugt. Am Strand findet man manchmal solche angebohrten Mu-schelschalen.

Manche Schnecken ernähren sich von toten Tieren. Zu den Aasfressern ge-hört die große Wellhornschnecke, die in der Nordsee lebt.

Sumpfdeckelschnecken

Landschnecken tragen entweder ein Gehäuse oder sind Nacktschnekken. Sie kommen in allen Gebieten der Erde vor, denn sie können sich ihrer Umwelt gut anpassen. Ein hervorragendes Beispiel dafür ist die kleine Gehäuseschnecke (Helix lactea), die in der heißen Wüste Sahara lebt. Schnekken sind doch schleimige Tiere, die viel Feuchtigkeit brauchen. Aber die Wüstenschnecke versteht es, mit wenig Wasser auszukommen. Wenn es ihr zu trocken wird, fällt sie in einen „Trockenschlaf", den sie mehrere Jahre überstehen kann, bis wieder einmal genug Regen fällt.

Gehen wir im Sommer nach einem Regenguß einen Wiesenweg entlang, finden wir dort die großen Wegschnekken. Es sind Nacktschnecken ohne Schale, die Luft atmen. Sie werden bis 15 cm lang und können rot, gelbbraun oder schwarz aussehen. Hinter ihrem Kopf sieht man an der rechten Seite eine kleine Höhlung: Das ist die Mantelhöhle, die mit Blutgefäßen ausgekleidet ist und als Lunge dient.

Unsere bekanntesten Gehäuseschnekken gehören alle zur Familie der Hain-oder Schnirkelschnecken. Die hübsch bebänderte **Gartenschnecke** findet man fast an allen feuchten Stellen, auf den Blättern von Büschen und Stauden, an den Gräsern der Wiese; aber auch auf Felsen und Mauern sind Schnirkelschnecken anzutreffen. Sie überstehen die Winterkälte, indem sie ihr Gehäuse mit einem hornigen Dekkel verschließen. Manche Arten graben sich rechtzeitig in die Erde ein.

Die gelbbraune Gartenschnecke wird etwa zwei Zentimeter groß. Die größte Schnirkelschnecke Europas ist die **Weinbergschnecke** (Helix pomatia), deren rundliches Gehäuse vier Zentimeter hoch wird. Man findet sie nur auf kalkhaltigen Böden. Wie alle Schnirkelschnecken, besitzen die Weinbergschnecken einen „Liebespfeil", einen Dolch aus Kalk. Bei der Begattung richten sie sich Sohle an Sohle auf und reizen den Partner, indem sie ihm den Liebespfeil in den Körper bohren. Die Eier der Weinbergschnecke sind etwa drei Millimeter groß und haben eine Kalkschale. Die Schnecke gräbt ein Loch in die Erde und legt sechzig bis achtzig Eier hinein. Die Jungschnekken, die nach 25—27 Tagen ausschlüpfen, haben zuerst ganz zarte, durchsichtige Gehäuse.

Weinbergschnecke

Schnirkelschnecke

Die schillernde Innenseite des Meerohres

die Innenseite leuchtend blaugrün, beim Roten Seeohr hat sie einen rötlichen Ton. Außerdem sind die Schalen aller Meerohren mit einer Lochreihe verziert. Durch die Löcher nimmt die Schnecke das Atemwasser auf, und sie streckt durch sie auch Fühler nach außen. Meerohren leben in den Brandungszonen, wo sie den Algenrasen abweiden. Die meisten findet man an der Westküste Nordamerikas. Dort werden sie „Abalone" genannt und auch gegessen. Einige Arten werden bis 20 cm groß. Im Mittelmeer findet man nur Seeohren bis zu 10 cm Größe.

Jeder Sammler freut sich, wenn er eine der hübschen **Kegelschnecken** in seinen Besitz bringt. Ihr Gehäuse ist glatt, ohne Rippen und Knoten. Nur am oberen Ende erkennt man noch einen aufgewundenen Teil. Sie haben herrliche Färbungen und Muster, nach denen manche Arten benannt sind: Buchstabenkegel, Leopardenkegel, Marmorkegel, Landkartenkegel.

> **Gibt es Schnecken, deren Gift für Menschen gefährlich ist?**

Aber Kegelschnecken sind giftig. Ihre Radulazähne sind zu langen spitzen Stiletten umgebildet; sie legen sich tütenförmig zusammen und bilden eine Art Hohlnadel, die als Injektionsspritze dient. Die Schnecke vergräbt sich im Sand des Meeresbodens. Naht sich ein Beutetier — ein Wurm, eine andere

Kegelschnecken

Wer schon am Mittelmeer war und dort am Strand ein Meer- oder Seeohr liegen sah, hat es bestimmt nicht liegenlassen — dazu ist es viel zu hübsch. Aber man muß schon ein Kenner sein, um das Seeohr nicht für eine Muschel zu halten. Seine Schalenform hat kaum Ähnlichkeit mit einer Schnecke. Erst bei genauem Hinsehen erkennt man einen kleinen, flachen Windungsteil.

> **Was sind Meerohren?**

Von den Meerohren (Haliotis) gibt es einhundert Arten. Sie werden eifrig gesammelt, denn die Perlmuttschicht der Innenschale schillert ganz besonders schön farbig. Beim Grünen Seeohr ist

Ein Fischer bläst ins Tritonshorn

Schnecke oder ein kleiner Fisch —, schiebt sich der lange Rüssel heran, sticht plötzlich zu und stülpt sich über das gelähmte Tier.

Zu den Kegelschnecken gehören etwa 400 Arten. Die meisten sind weniger als 10 cm groß, aber einige Arten erreichen eine Länge von 30 cm. In Europa gibt es nur die kleine Mittelländische Kegelschnecke; sie wird nicht größer als 5 cm und ist ungiftig. Aber der Marmorkegel, der Landkartenkegel und die Netzkegelschnecke, die im südlichen Pazifik leben, haben ein Gift, das auch für den Menschen tödlich sein kann.

Nach griechischem Mythos hatten der Meeresgott Poseidon und seine Gemahlin Amphitrite einen Sohn namens Triton, der vom Leib abwärts ein Fisch war; auf einer großen Schnecke blies er zum Kampf. Noch älter als diese Sage sind Abbildungen von Wassermännern, Tritonen genannt, die muschelblasend die Meerjungfrauen begleiten. Die Muscheln, auf der die Wassermänner blasen, heißen nach ihnen Tritonshörner.

> **Welche Schnecke wurde zur Kriegstrompete?**

Auf Tritonshörnern oder Trompetenschnecken wurde einst auf den Südseeinseln zum Kampf geblasen, und auch die Römer riefen damit ihre Bürger zu den Waffen. Noch heute benutzt mancher Fischer am Mittelmeer die Trompetenschnecke als Signalhorn. Die Südseebewohner bohrten ein seitliches Loch in das Gehäuse, das sie zum Blasen wie eine Querflöte hielten; am Mittelmeer war es üblich, die Spitze abzuschleifen und durch die entstandene Öffnung zu blasen. So oder so kann man mit dem Tritonshorn Trompetentöne erzeugen.

Die Tritonshörner gehören zu den größten Schnecken; sie werden bis 40 cm lang. Man kennt zehn Arten. Sie alle sind Raubschnecken, die ihre Beutetiere — hauptsächlich Seegurken und Seeigel — im ganzen verschlingen. Die Kalkschalen gefressener Tiere werden im Magen durch Säuren aufgelöst.

> **Können Schnecken schwimmen?**

Bei manchen Schneckenarten hat sich die Schale stark zurückentwickelt. Unter ihnen gibt es manche, die schwimmen können. Da ist vor allem die Gruppe der **Seeschmetterlinge,** die man auch Flügelschnecken nennt. Sie haben zwei flügelartige Hautlappen am Fuß. Wenn sie durchs Meer schwimmen, sehen sie aus wie Schmetterlinge. Die meisten Arten sind klein und leben vom schwebenden Plankton in den oberen Wasserschichten, fern der Küste. In kalten Meeren treten manche Arten in riesigen Schwärmen auf; sie bilden die Hauptnahrung der Bartenwale.

Alle gehäusetragenden Schnecken des Meeres sind Bodentiere und kriechen umher. Eine Art hat jedoch trotz ihrer Rückenlast das Schwimmen gelernt. Sie macht es mit einem Trick: Aus Schaum baut sie sich ein Floß, hängt sich daran und treibt so an der Oberfläche. Ihre Eier klebt sie an die Unterseite ihres Floßes. Diese kleine **Veilchenschnecke** (Janthina) erscheint oft in großer Zahl. Manchmal werden Tausende an den Strand gespült, der dann ganz violett aussieht.

In der Schneckenfamilie Achatinidae, bei den afrikanischen Riesenschnecken, gibt es die Achatschnecke; sie ist wohl die größte aller Landschnecken. Die Echte Achatschnecke kann mehr als dreißig Zentimeter lang werden, ihr Gehäuse allein wird über 20 cm lang und 10 cm breit. Ihr Fleisch wird von den Afrikanern sehr geschätzt, aber sie richtet auch erheblichen Schaden an. Tagsüber schlafen die gefräßigen Riesenschnecken, nachts dringen sie in die Pflanzungen ein und fressen alles kahl. Sie sind in afrikanischen Regenwäldern heimisch, wurden aber durch den Handel weit verbreitet. Auf den Inseln des Indischen Ozeans vermehrten sie sich so sehr, daß man dort von einer „Schneckenpest" sprach. In den letzten Jahren machten sie sogar amerikanischen Pflanzern in Florida zu schaffen. Natürliche Feinde der Achatschnecken sind Vögel, Kröten, Käfer und Ameisen; sie fressen die 2 cm großen Eier der Schnecken. Die Pflanzer setzen neuerdings kleine fleischfressende Schnekken in den Pflanzungen aus, die die Riesenschnecken angreifen. Solche Raubschnecken gibt es bei uns unter den Landschnecken nicht. Aber zum Glück für die Bauern gibt es bei uns auch keine echten Achatschnecken.

Die kleine Glatte Achatschnecke, die man in unseren Wiesen finden kann, wird nicht mehr als sieben Millimeter groß; sie ist nur eine entfernte Verwandte der Riesenschnecken.

Fechterschnecke

Fechterschnecken leben an den karibischen Küsten. Sie haben einen langen, muskulösen Fuß mit einem scharfkantigen, sichelförmigen Deckel. Wenn die Schnecke sich bedroht fühlt, schlägt sie wild mit dem Fuß hin und her. Manchem Badegast, der sorglos durchs Wasser watete, hat sie damit schon arge Verletzungen zugefügt. Von den Fechterschnecken sind 80 Arten bekannt. Sie gehören zu den größten Schnecken. Die Goliathschnecke (Strombus goliath) wird 40 cm groß. Die Gehäuse junger Fechterschnecken haben noch keine besonderen Merkmale; erst bei den erwachsenen Schnecken bekommt der Mündungsrand einen breiten lappigen Auswuchs, der manchmal breiter wird als die ganze übrige Schale. Seine Innenseite ist meistens rosa gefärbt. Auf der Außenseite hat die Fechterschnecke braune Streifen oder Flekken.

Fechterschnecken sind beliebte Sammelobjekte. Vor allem die Goliathschnecke ist sehr wertvoll, weil sie selten zu finden ist.

Achatschnecke

Die Mäntel der alten Phönizier, der

Was ist Purpur?

römischen Kaiser und Senatoren und später auch die Kardinalsgewänder wurden mit Purpur gefärbt. Die Farbe lieferte eine Schneckenart, die noch heute in den warmen Meeren lebt: die **Purpurschnecke**, die zur Gruppe der Stachelschnecken gehört. Eine einzelne Purpurschnecke liefert nur eine sehr geringe Menge Purpur; viele Tausende mußten gesammelt werden, um nur einen einzigen Mantel zu färben. An den Küsten des Mittelmeeres gab es richtige Industrien, die den Purpurfarbstoff gewannen. Davon zeugen noch riesige Schalenfelder, die man an einigen Stellen gefunden hat. Bei Tarent in Süditalien gibt es einen Hügel, den Monte testacea, der nur aus den Gehäusen von Purpurschnecken besteht.

Fast alle Stachelschnecken können aus einer Drüse in der Mantelhöhle einen Saft ausscheiden, der an der Luft erst gelblich, dann grün aussieht und schließlich purpurfarben wird. Auch Sekrete einiger anderer Schnecken färben sich purpurn. An der norwegischen und nordfranzösischen Küste gewann man einst Purpur aus der **Steinschnecke** (Nucella lapillus). Heute wird die einst so kostbare Farbe fast überall chemisch hergestellt; nur in wenigen Gegenden am Mittelmeer sammelt man noch Purpurschnecken zur Farbgewinnung.

Einige Arten der Stachelschnecke kommen auch in der Nordsee vor, sie haben aber nicht so ausgeprägte Stacheln wie ihre südlichen Verwandten. Sie sind auch kleiner. In den Tropen gibt es Arten von 30 cm Länge.

Stachelschnecken sind arge Räuber. Ebenso wie die Nabelschnecken bohren sie mit ihrer Reibzunge (Radula) Muscheln und andere Schalentiere an und fressen sie. Eine kleine, 3 cm große Stachelschnecke der Nordsee hat ihren Namen nach ihrem bevorzugten Beutetier: sie heißt „Austernbohrer".

Stachelschnecke, eine der vielen Arten, aus denen die Purpurfarbe gewonnen wurde.

Es sind die **Napfschnecken** (Patella),

Welche Schnecken bauen sich einen Sitzplatz im Fels?

die an allen felsigen Küsten der Erde leben. Sie scheiden eine Säure aus und höhlen sich damit eine Vertiefung im Kalkfelsen, in die ihr Gehäuse genau hineinpaßt. Mit ihrem kräftigen Fuß saugt sich die Napfschnecke darin so fest, daß sie auch vom stärksten Wellenschlag nicht losgerissen wird.

Es gibt etwa 400 Napfschneckenarten, zwischen drei und sechs Zentimeter groß; die meisten leben in tropischen Meeren. Ihre Schale sieht wie ein kleiner Chinesenhut aus und gleicht eher einer Muschel- als einer Schneckenschale. Ihren Wohnplatz verlassen die Napfschnecken nur nachts, um den Algenrasen auf dem Fels abzugrasen. Dabei kriechen sie immer nach links und beschreiben einen Bogen von kaum mehr als einem Meter Durchmesser. Auf der Spur, die ihr eigener Kriechschleim hinterläßt, kehren sie vor Tagesanbruch zu ihrem Schlafsitz zurück. Sie haben eine besonders lange Zunge; bei manchen Arten ist sie länger als der ganze Körper. Auf der Unterseite haben ihre Schalen meist eine bläulich schillernde Perlmuttschicht.

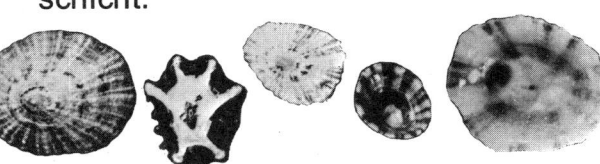

Napfschnecken

| **Wie bekam das Porzellan seinen Namen?** | |

Als der Weltreisende Marco Polo im 13. Jahrhundert aus China nach Italien zurückkehrte, brachte er feines chinesisches Geschirr mit. Solche glatten, durchsichtig schimmernden Teller und Schalen hatten seine staunenden Landsleute noch nie gesehen. Es erinnerte sie an die „porcellana", die Schnecke, die sie häufig an ihren Stränden fanden; sie glaubten, die Chinesen hätten das Geschirr aus der pulverisierten Schale solcher Schnecken hergestellt, und darum nannten sie die chinesische Keramik „Porcellana" — bei uns wurde dann Porzellan daraus.

Von den Porzellanschnecken gibt es etwa 160 Arten. Ihre schönen Gehäuse unterscheiden sich kaum in der Form, wohl aber in den herrlichen Färbungen und Zeichnungen. Von alters her wurden Porzellanschnecken als Schmuck und als kultische Symbole bevorzugt. Sie wurden als Amulette gegen Unfruchtbarkeit getragen und als Grabbeigaben verwendet. Ihre kleinen Arten, die Kaurischnecken, wurden weltweit zum Zahlungsmittel, zu Geld. Von jedem Sammler werden Porzellanschnecken hochgeschätzt. Für die Gehäuse einiger seltener Arten werden mehr als tausend Mark bezahlt.

Porzellanschnecken sind Nachttiere. Sie ernähren sich von Korallen und Schwämmen. Die größte Art wird 10 cm lang.

An den ausgewachsenen Porzellanschnecken erkennt man kein spiraliges Gewinde, wie wir es bei Schneckenhäusern zu sehen gewohnt sind; nur bei jungen Porzellanschnecken ist es noch deutlich. Während das Tier wächst, werden die ursprünglichen Windungen von einer glatten, wie poliert erscheinenden Kalkschicht überdeckt. Sie wird von dem breiten Mantel ausgeschieden, mit dem die Schnecke ihr Gehäuse einhüllt. Solange die Porzellanschnecke lebt, ist die Außenseite der Schale ständig von dem Mantel bedeckt, so daß sich keine Fremdstoffe darauf niederlassen können — darum bleibt ihr Gehäuse so glatt und blank. Die Innenwindungen werden von dem erwachsenen Tier zum größten Teil wieder aufgelöst; so verringert sich das Gewicht der Schale.

Linke Seite:
Von den Porzellanschnecken
gibt es 160
verschiedene Arten.
Rechts: So sieht
eine lebende
Porzellanschnecke aus.

Die Muschelsammlung

Obwohl wir jetzt Muscheln und Schnecken unterscheiden können, wollen wir hier, weil es so üblich ist, vom Muschelsammeln reden. Aber die Schnecken sind mitgemeint.

Mit soviel Wissen über die Schalentiere macht es noch mehr Spaß, eine richtige Sammlung anzulegen, eine Sammlung mit möglichst vielen verschiedenen Arten. Wer schon Ferien am Meer verbringen konnte, hat gewiß auch Muscheln mit nach Haus gebracht. Doch braucht er nicht bis zur nächsten Reise zu warten, um die Sammlung zu vergrößern. Nicht nur am Meer, auch in Seen, Flüssen und Teichen leben Muscheln, und Schnecken finden wir fast in jedem Garten. Man kann auch Muscheln kaufen; in manchen Geschäften sind die schönsten Muscheln südlicher Meere zu haben. Man kann sich einzelne kaufen, die man besonders schön findet, und damit sein Zimmer schmücken. (Aber nicht ans Fenster in die Sonne legen, weil die Farben leicht verblassen!) Ein Sammler kann aber auch versuchen, möglichst viele Arten von einer oder mehreren Familien zu bekommen, zum Beispiel von den Kegelschnecken, den Oliven- oder den Porzellanschnecken, je nachdem, welche ihm am meisten gefallen. Solche artenreichen Schnecken sind auch nicht so teuer.

Auf das eigene Sammeln aber wird doch niemand verzichten.

Am Strand findet man meistens nur leere Muschelschalen. Wenn das Tier, das sie bewohnte, schon vor längerer Zeit gestorben ist, haben

> **Wie sammelt man Muscheln?**

die Wellen die Schalen abgeschliffen und oft beschädigt. Die Schönheit der Muscheln hat gelitten, aber solange man keine besseren findet, nimmt man sie in die Sammlung auf. Sobald wir ein besseres Exemplar der gleichen Art finden, sortieren wir das weniger gute aus.

Besser sind die Gehäuse, die noch bis vor kurzem bewohnt waren. Solche Muscheln findet man bei Niedrigwasser und vor allem nach einem Sturm, der auch Arten an den Strand spült, die in tieferem Wasser leben. Es lohnt sich also für den Muschelsammler, auf das Wetter und die Gezeiten zu achten. Der „fortgeschrittene" Sammler aber watet oder taucht nach lebenden Muscheln. Ein guter Schwimmer und Taucher kann sich manche Muschel holen, die im Flachwasser lebt. Mit Schnorchel und Taucherbrille entdeckt man auf den Felsbrocken nahe der Küste viele Muscheln. Andere sind auf dem Grund im Sand zu finden. Niemand sollte sich jedoch weit von der Küste entfernen ohne einen Erwachsenen, der gut schwimmen kann, und möglichst sollte man auch ein Boot dabei haben.

Doch auch das Waten in flachem Wasser lohnt sich. Dazu zieht man am besten Badeschuhe an und nimmt Plastikbehälter mit. Für kleinere Arten genügen Plastiktüten, für größere ist ein Eimer besser. Auch eine kleine Schaufel ist nützlich, um den Sand aufzugraben.

Wie wird der Fang gesäubert?

Will man die Schalen lebender Muscheln in seine Sammlung bringen, muß man die Tiere entfernen oder — wenn man die Klappen geschlossen behalten möchte — sie austrocknen lassen. Wünscht man sich Muschelschalen geöffnet wie Schmetterlingsflügel, so legt man das Tier in frisches Wasser. Die Muschel wird bald die Klappen öffnen, und mit einem Messer kann man das Tier leicht entfernen. Ein Tropfen Glyzerin auf das Schalenschloß (Ligament) sorgt dafür, daß es nicht austrocknet und daß die beiden Klappen zusammenbleiben.

Kleine Schnecken kann man in reinen Alkohol legen oder in eine 40prozentige Formalinlösung — beides ist in der Drogerie zu haben. Nach einigen Tagen nimmt man die Schnecken heraus und trocknet sie im Schatten. Getrocknet, sind sie geruchlos.

Große Schnecken kann man nicht eintrocknen lassen, man muß das Weichtier entfernen. Dazu muß man das Tier kochen. Man darf es nicht in kochendes Wasser werfen — das Gehäuse könnte zerspringen. Man legt die Schnecke in lauwarmes Wasser, das man langsam zum Kochen bringt. Je nach Größe und Struktur muß das Tier bis zu einer halben Stunde gekocht werden. Man nimmt es heraus, wenn das Wasser abgekühlt ist. Solange das Weichtier noch warm ist, führt man ein festes Stück Draht mit umgebogenem Ende — ähnlich einer Häkelnadel — so weit wie möglich in die Öffnung und dreht den Draht so, daß man das Tier herausrollen kann. Vorsicht, daß das Gehäuse nicht bricht! Wenn sich das Tier nicht löst, muß man es noch einmal kochen.

Den Verschlußdeckel entfernt man mit einem Messer vom Fuß des Tieres und klebt ihn in die Mündung des Gehäuses.

Hat das Schneckenhaus seinen Glanz verloren, reibt man es mit Öl ein.

Muschelschalen, deren Außenseiten nicht ganz sauber sind, kann man mit einer alten Zahnbürste und Seifenwasser reinigen.

Wie sortiert man die gesammelten Muscheln?

Einige Sammler sortieren ihre Muscheln nach Größe und Farbe, andere nach dem Ort, wo sie sie gefunden haben, andere unterscheiden nach Arten. Diese letzte Einteilung ist wissenschaftlicher, setzt aber gute Kenntnisse voraus.

Für die Muschelsammlung verwendet man große, flache Kästen, die durch Querleisten in Fächer unterteilt werden. (Siehe Seite 42.)

Jede Muschel bekommt eine Nummer, die man entweder auf die Schale schreibt oder auf ein darangeklebtes Schildchen. Die Nummern schreibt man dann in ein Notizbuch und dahinter den Namen und alles, was sonst noch wissenswert erscheint: Datum des Fundes, genaue Stelle, ob tot oder lebend gesammelt usw.

Muscheln sind ein hübscher Zimmerschmuck. Abbildungen auf dieser und der vorigen Seite zeigen, wie man auch aus den bescheidenen Muscheln und Schnecken, die man bei uns findet, etwas Dekoratives machen kann.

Alle hier gezeigten Arbeiten sind zusammengeklebt mit einem Schnellkleber, mit Steinkitt oder mit Tischlerkaltleim, der ebenfalls fertig zu kaufen ist, aber etwas länger zum Trocknen braucht als der Schnellkleber. Weil Muscheln und Schnecken kaum ebene Flächen haben, braucht man zum Zusammenkleben ein wenig Geduld. Man muß die einzelnen Teile ein Weilchen aneinanderhalten und abwarten, bis der Kleber getrocknet ist und die Teile fest haften.

Der PINGUIN ist zusammengesetzt aus zwei großen Miesmuschelhälften, die den Rumpf bilden, und den Hälften einer kleineren Miesmuschel, welche die Flügel darstellen. Die Füße bestehen aus Herzmuscheln, der Schnabel aus einem Stück gefalztem Karton (siehe Zeichnung), dessen obere Enden nach innen gefalzt und angeklebt werden. Die Augen werden mit Plakatfarbe aufgemalt.

Für das MOBILE (Seite 43) wurden sieben solcher Pinguine verwendet. Man kann aus Muscheln natürlich auch andere Mobiles herstellen, etwa aus Muschelschiffchen, wie hier eines gezeigt ist.

Als Masten für das MUSCHELSCHIFFCHEN nimmt man Zahnstocher. In die Miesmuschel — den Bootsrumpf — wird ein Korkstreifen geklebt. Bevor man die Masten in den Kork sticht, müssen die „Segel" angeklebt sein. Für die oberen Segel nimmt man kleinere Herzmuscheln als für die unteren. Zum

Aufhängen muß man die Schiffchen ausbalancieren; dazu nimmt man jeweils zwei Perlonfäden, die am Bug und Heck des Schiffchens befestigt werden.

Der SCHWAN (Seite 43) besteht aus zwei Turmschnecken, einer großen und einer kleineren Herzmuschelschale und den beiden Hälften einer kleinen Miesmuschel. Als „Augen" wurden winzige Strandschnecken angeklebt.

Die PUPPE ist ein Beispiel für viele ähnliche Figuren, die man machen kann. Ihr Rock besteht aus Miesmuscheln, die teilweise übereinandergeschoben und zusammengeklebt werden. Sie hat einen Rumpf aus zwei Herzmuschelschalen. Zwei Schalen einer Sägezahnmuschel bilden die Arme. Für den Kopf eignet sich auch eine Pantoffelschnecke, die unten abgeflacht ist. Man kann auch noch das Gesicht draufmalen. Eine Muschel für den Hut kann sich jeder nach seinem Geschmack aussuchen. Hände und Rocksaum bestehen aus kleinen Strandschnecken.

In sehr große Muschelschalen oder in große Schneckenhäuser mit weiten Öffnungen kann man Blumenerde füllen und Pflanzen hineinsetzen. Man sollte aber kleine Pflanzen nehmen und solche, die nicht zuviel Erde brauchen —Kakteen eignen sich besonders gut (siehe Seite 43). Wenn die PFLANZEN-SCHALE nicht von selbst gut steht, befestigt man sie mit Kleber auf einem hübschen Stein oder auf einem Stück Holz, vielleicht auf einer interessant geformten Astgabelung.

Als WANDSCHMUCK (Seite 43) eignet sich ein schmaler Kunststoffstreifen, auf dem besonders schöne Muscheln und Schnecken befestigt werden. Mit Tischlerkaltleim wurde hier die Mitte eines kurzen Fadens auf jede Muschel geklebt; nach dem Trocknen wurden die Fadenenden durch zwei Löcher geführt, die sich leicht in den Kunststoffstreifen stechen lassen, und hinten zusammengeknotet.

Man kann aber auch Löcher in die Muscheln bohren, wenn man sie an Fäden

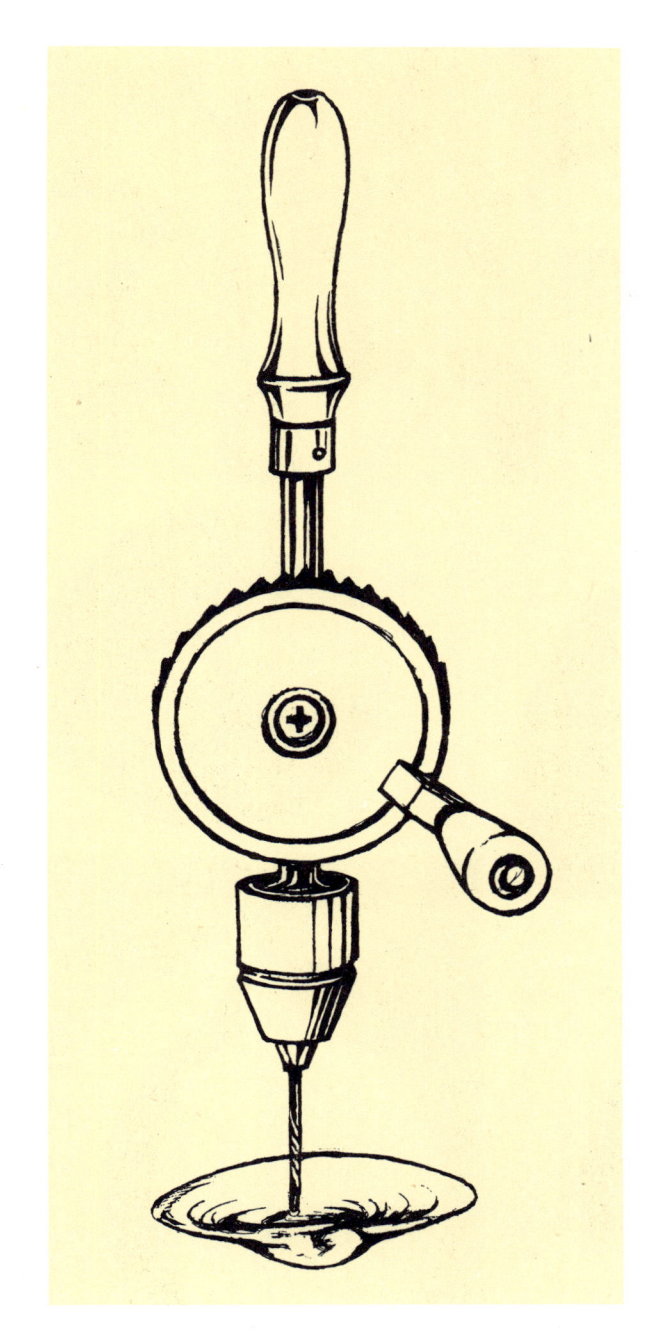

aufhängen oder zu einer Kette aufreihen will. Weil die Kalkschalen leicht splittern, muß man eine kleine Bohrwinde haben, in die ein Steinbohrer von 1 oder $1\frac{1}{2}$ mm Stärke eingespannt wird. (Sie sind für 50 Pf im Eisenwarengeschäft zu haben, die Bohrwinde kostet etwa 8 DM.) Die Muschel muß auf einer nicht zu harten Unterlage so aufliegen, daß sie nicht verrutscht, wenn man — ohne viel Druck! — das Loch für den Faden hineinbohrt.

Schnecken aus südlichen Meeren

Soldaten

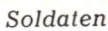

Napfschnecke

Olivenschnecke

Blutzahn

Bischofsmütze

Eierschnecke

Tonnenschnecke

Kegelschnecke

Turbanschnecke

Kegelschnecken

Strandschnecken
der Philippinen

Davidsharfe

Stachelschnecke

Indianische
Purpurschnecke

Die Muscheln und Schnecken in diesem Buch

(Bei den abgebildeten Arten ist die Seitenzahl fettgedruckt)

A.G. DRUCKEREI ERASMUS LEDEBERG/GEN

GEDRUCKT IN BELGIËN